在工作裡，我們活得有意義

為什麼要工作？
工作如何影響我們的人生？
《湖濱散記》作者
亨利・梭羅的工作哲學

HENRY AT WORK
THOREAU ON MAKING A LIVING

BY JOHN KAAG & JONATHAN VAN BELLE

獻給凱薩琳，我生命中共享喜悅與使命的夥伴

——約翰・卡格

獻給蘇瑞兒，我在草莓溪所找到的珍寶

——強納森・范・貝爾

我並不是說約翰和強納森這種普通人會明白這一切；然而，這就是明日的特徵——並不僅因時間的流逝，就能促成黎明的到來。擾亂視覺的光，對我們來說是黑暗的。只有我們醒過來之際，才會迎來黎明。還有更多的黎明即將到來，太陽不過是一顆晨星。

——梭羅《湖濱散記》最終段

目次

序言

經濟

你不可能整天無所事事，就有辦法在四十四歲之齡，寫下多達兩百萬字的日記。然而，儘管亨利．大衛．梭羅的日記已達上述字數，比《新欽定版聖經》（*New King James Bible*）還多出一百二十萬字，他本人，卻還是以遊手好閒和懶散著稱。所以我們要問：想起梭羅時，你會想到什麼呢？你心中的梭羅，是一位崇尚自然的自然主義者？一位激進的廢奴主義者？一位尋求孤獨的生存主義者？或者，只是一個四處揩油的騙子？

梭羅有很多形象，但其中一個往往被忽略了：勞動者梭羅。縱然很少被認定是一名勞動者，但事實上，梭羅是世上最勤奮、最善於思考的人之一。工作是梭羅哲學的根源。工作，亦是《湖濱散記》的根源。這部梭羅個人最著名的作品，描述他在一間湖畔小屋所度過的兩年時光。這間小屋，由他在麻薩諸塞州康科德鎮郊樹林裡，親手搭建而成。

這間瓦爾登湖畔小木屋，占地一百五十平方英尺。在梭羅的眾多林中勞務裡，它的建造工程即便不盡然是第一個工作，也是其中最著名的一項。《湖濱散記》的第一章〈經濟〉裡，充滿工作細節的鏗然聲響。用一把借來的斧頭，梭羅砍下「箭矢似的、還年幼的白松，做為建築木材」；並用「從木材砍下的帶有汁液、也不完美的第一層薄片」，來將房屋蓋上木瓦。在「向南處傾斜的小山腰上」，他挖出一座地窖。他「兩次徒手在湖邊抱了整車石頭，逐車帶到山坡上來」，只為了砌出煙囪的基礎。甚至，梭羅還協力鍛造了門閂。至於床，他則是親手改造一張老舊中國沙發床的藤架，為其釘妥床腳和床板條。總之，他很享受這份建造工作：「我沒有急著趕工，只是想盡力做好。」一件好事，何必要急著做完呢？

瓦爾登小屋的營造，並非梭羅的第一個建築計畫。梭羅的父親約翰，終其一生都是一位勤奮工作的人，卻兩度遭逢雜貨店生意的失敗。梭羅幫助父親將他們購置的房子，搬移到德州街這個新地點，此屋也因此名為「德州之家」。梭羅，正是「德州之家」的奠基者之一。有多少哲學家建造過房子，並為其打下地基呢？

湖畔小屋落成，真正的工作就開始了：寫作的工作。梭羅自己承認，他去到瓦爾登湖，正是為了工作——彷彿命懸於此那般地工作。因為他認為，事實就是如此。我們之所以稱作家的工作為他或她所留下之思想的集成、軀體或紀念碑，是有原因的。梭羅的朋友和超驗主義同伴埃勒里・錢寧（Ellery Channing），將梭羅的湖畔小屋喚作「木製墨水座台」，因為梭羅在此產能極高。[1]在兩年兩個月又兩天的居留期間，梭羅完成個人第一本書《在康科德與梅里馬克河上一週》（*A Week on the Concord and*

Merrimack Rivers）的兩版文稿、一百七十七頁的《湖濱散記》手稿，以及各篇論文的多樣試寫稿——包括《對公民政府的抵抗》（*Resistance to Civil Government*）；即後來的《公民不服從》（*Civil Disobedience*）。順帶一提，第一本書《在康科德與梅里馬克河上一週》銷量極差。為什麼呢？許多人認為，梭羅寫得太用力了。的確，我們應當小心，不要亦步亦趨地效法勞動者梭羅，因為從許多面向看來，他都讓自己過勞了。不過，他短暫而勤勉的一生，仍然留給我們不容忽視的啟發。

梭羅經歷美國經濟史的一段關鍵轉折期，在那段時期，勞動的意義產生了劇變。他自己的直系家庭並不富裕。事實上，不管用哪種標準看來，他們的確都堪稱貧窮。在一八二〇年代，得益於梭羅的叔叔在新罕布夏州發現的石墨礦，他們才有辦法取得經濟的穩定。從那時起，梭羅的父親與叔叔開始從事鉛筆製造業。對一個後來將成為美國文學之子的年輕人來說，這項職業可謂恰如其分。

梭羅的童年過得很艱辛，這對工人家庭的男孩而言並不罕見。九歲時，他「從牛背上摔了下來」。當時，他究竟是真的在騎牛？或只是正與牛纏鬥？這仍然是個謎。也是在差不多這個年紀時，他被派去砍柴，結果，在這次任務中失去了一隻腳趾。十二歲時，他已經能在雨中搭建臨時遮蔽處。十六歲時，他搭建了自己的第一艘船，取名為「漫遊者」，並在康科德河上來回航行。

拉爾夫．沃爾多．愛默生（Ralph Waldo Emerson）是梭羅的重要導師和朋友，梭羅為他鋪設了地窖地板，並搭建了圍籬、穀倉房、壁櫥架和排水溝。梭羅還照顧愛默生的孩子們，以及愛默生兄弟的孩子們（那是在史坦頓島短暫居留的期間；當時，梭羅正試圖前往紐約，展開寫作生涯）。有一次，愛默生遠赴歐洲演講，梭羅留在康科德幫忙愛默生的妻子莉迪安照料孩子，愛默生的兒子小艾迪，詢問梭羅可不可以當他的父親。梭羅寫了一封或許有些輕率的信給愛默生，信上說：「〔艾迪〕前幾天非常認真地問我：『梭羅先生，你願意當我的父親嗎？』……所以，你必須快點回來，否則你就要被取代了。」[2]

梭羅從前就擔任過保母和家教了。當時，他還在哈佛念書，照顧著奧瑞斯特．布朗森（Orestes Brownson）的孩子們。布朗森是一名傳教士、作家和勞工活動家，也是一位提倡廢除銀行和世襲財富的激進人物。

梭羅也曾經在課堂上任教過。早年，他的職業志願就是當教師。然而，就像我們之中，許多人的「職涯規畫」一樣，這志願可能更多是因為合理預期，而非出於熱情。梭羅和他的哥哥兼摯友小約翰．梭羅（John Jr., Thoreau），一起重興了康科德學院——那是他年輕時和約翰在費尼斯・艾倫（Phineas Allen）的教導下，曾經就讀過的私立學校。梭羅兄弟用更為先進的教學方法，讓學生們在大自然中漫步、進行討論並學習實用技能。在比較知名的學生裡，有一位是《小婦人》（*Little Women*）的作者露意莎・梅・奧爾柯特（Louisa May Alcott）。然而，梭羅兄弟的教育事業為期短暫。由於約翰的健康狀況每況愈下，在興學僅僅四年後，兩人便將康科德學院的傳道火炬，交棒給了其他人。

有時候，一項工作的選擇會導向另一項工作。康科德學院的教學後來因緣際會地，把梭羅引進他的主要收入來源工作：測量。的確，康科德文法學校曾經開設測量課程，就像許多事情一樣，梭羅的測量員生涯始於意外。正如梭羅研究學者傑弗里・S・克萊默（Jeffrey S. Cramer）所寫的，「一八四〇年，梭羅購買了一台結合水平儀和測圓周的儀器。他的初衷，是將測量學引進他和哥哥約翰所經營的學校，讓學生能夠更實際且更具體地應用數學知識。結果，這卻使他成為一名測量員，而有了終生的薪資。在康科德地區，他進行過超過一百五十次的測量。」[3]

光是測量工作，對梭羅來說是不夠的，他還有一些副業。梭羅甚至堪稱是一位發明家，他發明過一種機器，可以磨出比歐洲頂級鉛筆更細密的石墨。梭羅說：「我的手藝和手指一樣多。」[4]神奇的是，儘管梭羅一生都在砍柴、做木工、砌石和磨石墨，他卻保有完好的十根手指（當然，同樣的話就不能用來講他的腳趾頭了）。

總而言之，梭羅絕不是懶惰之人。即便是在行走時，梭羅也建議要工作：沉思（rumination）。他在〈散步〉一文中寫道：「你得像一隻駱駝般散步，據說動物之中，只有駱駝會一邊散步、一邊反芻（ruminates，音同「沉思」）。」他將自己的駱駝建言付諸實踐。正如作家羅勃・蘇利文（Robert Sullivan）所寫，「〔梭羅〕每天散步四到六個小時，並寫下數千文字。開始，是在田野裡用鉛筆做筆記；後來，則用墨水轉移並擴展到他的日記之中。」[5]不僅僅是散步，梭羅掌控了**所有**閒暇時間，他說：「什麼是閒暇，不就是有機會做更完整、更全面的行動嗎？」[6]

那麼，為什麼美國記者查爾斯・弗雷德里克・布里格斯（Charles Frederick Briggs），會在為《普特南月刊》（*Putnam's Monthly Magazine*）所寫的一篇《湖濱散記》新書書評裡，將梭羅與古希臘哲學家第歐根尼（Diogenes）和敘利亞四世紀時基督教苦行僧登塔者聖西蒙（St. Simon Stylies）相提並論呢？後兩者才是真正的閒散之人，一位住在一個大木桶裡；另一位，則住在五十英尺高的一根柱子上（兩人所謂的「房子」，都不是由其居住者建造的，而是某種「尋獲物」）。為什麼梭羅這位整天忙於寫作、測量、建造、當保母、收集植物標本，並用其他時間做一些零工，包括鏟糞這類粗活的人，竟會被視為一名平靜度日之人、一位精通新英格蘭禪的慢活大師呢？

如果你認為梭羅反對工作，那或許是因為梭羅質疑**我們為什麼要工作**。他審視了僱傭關係，稱我們的勞動合約為浮士德式交易。他聲稱：「人總是在錯誤中盲目勞動。」[7]如此一來，梭羅將哲學變得實用，甚至變得迫切。他為我們詳細解釋了辭職的快樂與風險、工作日的節奏、免於勞動的科技烏托邦這種往往引人嘲笑的願景，以及以下這個永恆的哲學問題：「我能賺到多少錢？」

如今，很少有人會認為梭羅是個勤奮的工作者，視他為經濟學家的人，更是少之又少。然而，若論及更古老也更全面的、「道德的與政治的」經濟學，他無疑是一位經濟思想家。回想一下——事實上，他所珍視的著作《湖濱散記》，第一章的標題正是〈經濟〉。他對工作生涯的投入程度，與他思考工作的深度相互呼應。他賦予工作一種蘇格拉底式的深刻思辨：為什麼我們會以這樣的方式工作？我們希望從中獲得什麼？這對我們有什麼樣的影響？

一八三〇年代，當梭羅適齡工作時，美國的經濟正逐漸轉變成今日的模樣：一頭機械化的、嗡嗡作響、股票投機的、商品氾濫、迷戀金錢的怪物。梭羅以某種介於敬畏和恐懼的心情來觀察這個演變。他在康科德河岸度過童年，觀賞駁船緩慢地由此端駛向彼端，令他心醉神迷。有時，船夫會邀梭羅上船，而他想像有朝一日，自己也可以成為一名貿易領航員。然而，讓梭羅漸漸感到恐懼的，卻正是現代資本主義那海妖般的呼喚——它誘惑我們，使我們沉淪在放縱與安逸的生活裡。當然，在我們的當代經濟中，與工作有關之事，沒有一件是容易的（而梭羅也從未迴避挑戰），但在梭羅的時代和我們的時代中，相較於其他事務，「工作」這件事的問題是：它以極度的貪婪和盲目的效率，製造出太多的疏離和虛無。如果這聽來誇張，請不妨問問自己，有多少次你其實並不想去上班，但還是去上班了。或者，有多少次你用自己的薪水把油箱加滿，開車去辦公室工作，但其實內心更想做的是放一把火，燒光整個辦公室。或者，當你每週工作七十個小時，卻發現自己的錢只夠支付信用卡利息時，突然，你有一種好想死的感覺。你好想知道，為何明明已經這麼努力地、或「聰明地工作」了，你卻還是深感拮据。你抓到重點了。梭羅藉由試圖提醒我們「經濟」一詞原有的含義，《湖濱散記》從開篇起，便對這種經濟模式提出了尖銳的批判。

「經濟」（Economy）這個詞，是由希臘字根oikos演變而來的。在古希臘，Oikos有三個相關的含義：「家庭」、「家庭擁有的土地」、「家庭所在的家」。這三種可以變換的定義，構成了古希臘世界中首要的，或基本的政治單位——特別是在希臘世襲貴族的認知中，對他們而言，家庭和傳承，比其他任何連繫都更為重要。無論是當時或此後，家庭都被視為國家的縮影，有其秩序規則和典範（有關道德力量，或道德力量的失控）。經濟的意義，正在於「持家」。梭羅通曉希臘語、熱愛雙關語和語源學，並且是一名嚴謹的作家，他選擇「經濟」一詞作為《湖濱散記》最長篇章的標題，顯然是經過深思熟慮的。藉由住在一間簡樸的湖畔小屋裡（他的oikos），並將這個家打理得井然有序，可以說，梭羅也意圖幫助其他人，讓各自的家都井然有序——就這麼一間房子接著一間房子、一個家庭接著一個家庭，眾人將齊力為社會賦予新的生命。第一章這個單調的標題，隱含一個別具深意的雙關語，它低語著：「這是一本關於一間房子的書；一間位在湖畔的簡單房子，但也是一間不那麼簡單的房子；一座混沌之屋，繞著太陽運行。」

經濟的目標，不是銀行帳戶和股票投資組合，而是支持一個家的培育和維持；這個家就最親密和最具啟發性的意義而言，有能力養護那些尚在成長中的人類。現在，我們馬上就能想到反對的意見：「我的銀行帳戶**確實**支持了我的家，和我成長的能力。」但這種反對意見，忽略了梭羅的重點所在：一份工作，或許可以充盈你的銀行帳戶，讓你能夠支付房貸，每三個月去度一次三天假期，但它也可能浪費掉你生命的大部分時間，甚至扭曲你的生命——將生命花在從容打造一個美好的家庭，似乎會更值得。無論是就字面或象徵意義、是從廣義或狹義層面來理解所謂的「家庭」，皆隨你高興，但不管怎麼說，這就是事實。梭羅相信，某種類型的工作，將使我們居住在這個世界上，而擁有（真確地擁有）「安適如歸」的感覺。而這正是梭羅所追求的經濟目標。

在十九世紀，梭羅並不是唯一一個重新思考現代資本主義或現代勞動意義的人。當時最著名的經濟哲學家卡爾・馬克思（Karl Marx）所關注的，準確說來，正是梭羅也嘗試抵制的勞動異化（alienation of labor）狀態。在十九世紀上半葉的美國，一群烏托邦思想家開始組成社群，讓其成員得以在其中，找到既有意義、又能維持生計的工作。梭羅定居在湖畔小屋的目的，可能與這些同時代人的目的看似相同，但兩者有一個重大的差別。梭羅的智識同伴們，尤其是超驗主義者們，實驗的是集體生活——例如：喬治．雷普利（George Ripley）的布魯克農場（一八四一至一八四七年）；愛默斯．布朗森．奧爾柯特（Amos Bronson Alcott）的果園公社（一八四三至一八四四年）——梭羅卻嘗試了相反的方式：獨居生活。學者麥可．梅爾（Michael Meyer）注意到這個差異，並補充說明，梭羅「在瓦爾登湖的兩年隱居生活，是他對超驗主義者們集體努力的個人回應」。[8]

梭羅曾經造訪過布魯克農場，但決定不參與。雷普利曾經寫信給愛默生，力圖說服愛默生加入布魯克農場。從這封信裡，你可以找到在梭羅的作品中也有的情感：

> 我們的目標，如您所知，是在確保知識勞動和體力勞動之間，有一個比現狀更自然的連結；是在盡可能將思考者與勞動者結合成一個相同的個體；是在確保最高的心靈自由——藉由提供給所有人適合他們的興趣與才能、並保障其工作成

果的勞動；最後，也是在透過向所有人開放教育的好處和勞動的益處，來消除低賤勞役的必要性。[9]

為什麼會有那麼多關於生活之道的實驗？是什麼氛圍，吸引了那麼多思想家重新思考工作和生活的本質？為什麼在突然之間，有了那麼多關於「家庭營生」的新形式（無論是集體的或單獨的）？部分原因，是當時美國的許多工人，都正經驗一種失根感：工業革命時期的城鄉遷移，摧毀了家庭農場和連繫緊密的社區；這讓許多人失去了方向與自持的能力。

另一個更直接的原因（促成這些實驗，以及梭羅對「經濟即持家」的關注），或許跟梭羅的時代裡，美國的這個大家庭的Oikos分裂為二的這個事實有關。在梭羅離開瓦爾登湖小屋的十一年後、也就是《湖濱散記》出版四年後，亞伯拉罕・林肯發表了著名的《分裂之家》（*House Divided*）演說，直面美國南北戰爭前夕的根本恐懼：「分裂之家必無可持存。我認為這個政府，不能在半**奴隸**、半**自由**的狀態下長存。我不希望這個國家**分崩離析**——我不希望這個房子**滅頂傾覆**，但我確實希望它結束分裂的狀態。它要不**全然**變成一種東西，要不**全然**變成另一種東西。」[10]

梭羅與好友愛默生不同，早在廢奴成為趨勢之前，便已經是個廢奴主義者了。早在社會內部的緊張局勢，引發我們稱為「南北戰爭」的國家分裂以前，梭羅就已經指認並洞視這種內在張力。梭羅深感自己的國家，正遭受不道德，且無法饜足之商業欲望的驅使，而退化成一個奴隸拍賣場。一八五〇年《逃奴追緝法》（*The Fugitive Slave Act of 1850*），在《湖濱散記》出版的四年前頒布，該法令要求所有奴隸（即使是已經逃到自由州的奴隸），都必須被遣送回奴隸主手中。實際上，從此再也沒有所謂的自由州了。而今美國這個「家」，徹底變成一個殘酷的東西——一個人奴役人的所在；一個無人自在的居所。聯邦法案並且將執法的責任，強加在聯邦政府身上，從此，華盛頓特區成為整個國家的「奴隸獵捕者」。

在《逃奴追緝法》頒布的多年以前，梭羅在監獄裡度過了聞名遐邇的一夜，因為他拒絕繳稅給政府——在他看來，政府的許多組織行動，都顯得道德可疑，尤其是一八四六年那場針對墨西哥的不義之戰。藉由這個抗爭行動，梭羅反擊了在他的時代裡毫無節制的擴張主義，以及支撐經濟條理的集體道德寬鬆。在短暫的監禁之後，梭羅寫下歷史上最具影響力的政治文論之一：《公民不服從》。這部文論深刻啟發了許多人，包括列夫．托爾斯泰、聖雄甘地（Mahatma Gandhi）以及馬丁．路德．金恩博士。

甘地將公民不服從，改寫為非暴力不合作運動（Satyagraha）；他運用自己的版本，來終結大英帝國對印度Oikos的剝削。甘地也比照梭羅的方式，藉由重塑個人工作的意義，來重振印度的經濟。永誌於印度國旗上的紡車輪圖徽，既提醒人們要投入工作，也提醒他們唯有透過自己的勞動，才能建造一個家，無論這個家是個人的、國家的，甚或是宇宙的。

想想歷史上最震撼人心的公民不服從運動之一：甘地所領導的那場為期二十四天、步行二百四十英里的盛大「食鹽進軍」，或「食鹽長征」。在這次行動中，數以萬計的非暴力抗爭者，僅僅因為試圖採集或銷售食鹽，就遭到英國當局的騷擾與拘捕。食鹽進軍，令人想起《湖濱散記》之〈經濟〉篇章裡的一段話：「最後，說到鹽，……想要取得鹽，可以是一個到海邊去走走的好理由。」[11]這正是甘地所做的：他找到好理由，走過沿海村莊，來到丹迪海濱的鹽灘上。英國統治者壟斷食鹽買賣，同時施加沉重的賦稅。儘管在印度廣闊的海岸地帶上，很容易取得天然鹽，但除了從殖民地供應商那裡購買之外，以其他任何方式獲取食鹽，都屬於犯罪行為。甘地將雙手伸進海濱富含鹽分的潮浪裡，掬起一把沙，從而違抗了當時世上最強大帝國的律法。他高舉那一小掬無害的泥濘，說：「有了它，我將動搖整個大英帝國的根基。」[12]

一如梭羅，甘地理解若論及工作，對個人而言，求新求變和權責明確都很重要——革新與當責，在基礎政治單位裡的體現，正是**你自己**。甘地寫道：「我們不過是世界的鏡像。外在世界所顯現的一切趨勢，我們也能在自己的肉身世界裡找到。如果我們改變自身，世界的趨勢也會隨之改變……我們無需等待別人的作為。」[13]

梭羅的「經濟」，呼籲我們藉由改變與整頓自我，來改變美國家園，甚至是全球家園。「**放眼全球，在地行動**」這種家庭經濟學，適用於**所有政治層面**。「審慎地生活」不僅僅是個人座右銘，更是給整個社會的座右銘，它敦促我們清醒過來，清楚檢視我們每天所做的選擇——首先是在我們家中，卻不僅限於此。

在最近的一次採訪中，曾撰寫梭羅傳記《亨利．大衛．梭羅的一生》（*Henry David Thoreau: A Life*）的作者勞拉．達索．沃爾斯（Laura Dassow Walls）告訴我們，〈經濟〉篇章迫使我們「去直面我們自己的選擇，是如何支撐起一個巨大的社會和物質基礎結構，而這個基礎結構，又是如何導致我們與自然及彼此的疏離。」[14]梭羅清楚表述了現代性的危機，並且，同樣重要的是，他也提供了初步的解方；或者，至少是克服困難的路徑起點。為了全人類的利益，這個解決方法必須是以合作的方式，由個人各自去實踐。如果你認為梭羅這個人根本反對合作，那麼是時候該重新想想了。梭羅的湖畔小屋，一直是一個開放的居所。「我非常樂意說出我所知道的一切……也絕對不會在我家門口，掛上『不准入內』的標示」[15]，他這麼寫道。正如羅伯·蘇利文的敘述，「在〔梭羅在瓦爾登湖生活的〕第一年的八月七日，當地報紙《康科德自由人報》（*Concord Freeman*），報導了康科德婦女年度會議。會中，他們倡議反對奴隸制度。這次會議是在西印度群島奴隸解放紀念日召開的；會議地點，正是在梭羅位於瓦爾登湖畔的家。」[16]

作為一個勞動者和家庭經濟學家，梭羅明瞭合作與友好，對改善我們生活而言是必要的。我們需要他人，也必須善待他人。「我們天性中最美好的質地，就如同果實表面的粉膜，只有細膩碰觸，才能妥善保存。然而，我們並沒有這麼溫柔地對待自己，也沒有如此對待他人。」[17]在我們的任何追求中，我們都必須考慮經濟學家所謂的「負外部性」（negative externalities），或對第三方造成損傷效應的可能性。想想流入下游鮭魚棲息地的工業廢水：工廠導致無數他者的致命性損害，卻可能無需擔負任何代價。這種針對我們生活的更深層次思考，正是《公民不服從》的核心命題，梭羅寫道：「當我致力於其他的追求與想望時，首先，我至少必須確定自己，並沒有騎在他人的肩膀上。我必須首先放過他人，因為他們可能也有自己的想望。」

母親辛西亞教導了梭羅這種友好精神，她曾經將梭羅家屋，經營成一處寄宿家庭。不僅如此，梭羅也從另一位女性莉迪雅・瑪利亞・柴爾德（Lydia Maria Child）身上，學到如何良好地打理家務。柴爾德是一位廢奴主義者，也是女性權益和美洲原住民倡權運動家。

柴爾德的樸實指導手冊《簡儉主婦：獻給那些不以經濟為恥的人》（*The Frugal Housewife: Dedicated to Those Who Are Not Ashamed of Economy*）於一八二九年首次出版，開篇的一段話，預示了梭羅想要改善生活、並且「改善當前狀況」的渴望：「家務經濟的真正意義，僅是收集所有碎片的藝術。如此，我們就不會丟失任何東西。我指的不只是**時間**的碎片，也是**物質**的碎片。任何東西只要還能再利用，無論用途如何微不足道，也不應丟棄。無論家庭的規模大小如何，每個家庭成員都應努力賺錢或存錢。」[18]

這聽來或許顯得吝嗇，也和梭羅理應不在意金錢問題的態度大相逕庭。「理應」是個關鍵詞：事實上，梭羅對金錢非常感興趣，然而，這只是因為金錢能夠計量出物品的**真正**價值。他的〈經濟〉篇章，羅列許多數據，例如食物價格與建築成本。某種程度，這些會計數字意在嘲諷梭羅那個時代裡甚為流行的房屋設計書籍，但是其中隱藏一個嚴肅目的——一個潛伏在枯燥細節下的含水層。梭羅和柴爾德的想法完美契合：「不浪費，不匱乏。」對梭羅而言，這不僅是給個人的建議，也是給集體的建言。**如果我們不浪費，他人就不虞匱乏**。正如梭羅所統計的，生活必需品（也就是對個人或家庭來說，真正珍貴的東西），實際上花費甚少。

換言之，在生活必需品當中感到「安適如歸」，是構建有意義之生活工作的關鍵。正如在《簡儉主婦》一書中一個備受忽略的章節裡，柴爾德所明確聚焦的哲學：

我們每個人都會覬覦鄰人的財富，並且假設如果命運有所不同，我們將會更快樂。然而，只要習性與傾向容許，我們大多數人都會願意為了追求世俗的榮顯，而付出高昂的代價，並且也能得到它。真正的智慧，在於發掘出**真實境遇**裡的一切優勢，而不是去想像**假設境遇**裡的可能享有。」[19]

的確，真正的智慧很難獲得。觸及這種智慧的方法之一，就是慢慢地、有意識地、有條不紊地運用你已經擁有的東西。柴爾德寫道：「偉大心靈最顯著的特徵，是選定某一個自認為重要的目標，並且終其一生就追求這個目標。」[20]近藤麻理惠的《怦然心動的人生整理魔法》也憑藉著相似的感觸，而成為轟動一時的暢銷書。當我們選擇過多目標、目的或方向，並且**真的**追求這麼多的時候，我們會發現，在家庭或職場（我們度過大部分人生時間的場所）中，我們往往無法兼顧所有的追求。這時我們就會發現，我們一併忽略了那些即時且親密的生活品質，或者更糟——我們的生命意義。

梭羅從未推崇繁重乏味的工作。他從未鼓勵我們在那些應該會讓我們無聊得要死的工作和家務裡「參禪」。他只是鼓勵我們，在充分意識到經濟驅力的情況下生活，這種趨力，能夠把一間房子，變成一個確實為我們所擁有的家。如今，全球疫情已經突顯出家庭和工作場所之間的模糊界線。在人們所謂的「大離職潮」時期（The Great Resignation）中，許多人不再返回辦公室。我們選擇遠距工作，而若遠距工作並不可行，我們索性就辭職了。我們之中，已經有許多人築起了自己的湖畔小屋，而現在，我們似乎終於打算要審慎地對待生活了。

問問自己：你是否在浪費那些無比珍貴的、也就是你目前還擁有的時間？有沒有可能，最重要的「商務」技能，就是拒絕讓自己在無益的事務裡奔忙？你是否豔羨那些「高端」鄰居們所坐擁的莊園與豪宅？如果是的話，你是否曾經意識到他們為此所付出的代價呢？請留心：在你的溫暖火爐邊，你仍然擁有朋友；你們共享一片屋頂，屋頂之上，猶有無垠的星辰。這時候，你們可以說一些親密的禱詞，獻給工作和家庭經濟裡的微物之神。

也請留心，正如你所讀到的那樣，梭羅從未假裝自己知曉所有的答案——對大多數問題，他毋寧沒有解答。「我希望，」他說：「世上之人愈多元愈好；同時，我也但願每個人都能謹慎地找到並追索**自己的**人生道路，而不是依循父親、母親或鄰居的世間之途。」[21]你自己的人生道路，必須包含你對成功的獨特見解。「眾人讚美、並且認為是成功的生活，只不過是多樣生活方式裡的一種。為什麼我們要獨獨誇大這一種，而貶低其他的生活方式呢？」[22]梭羅可以成為你的同事，但他絕對不會想要成為你的老闆（或者，我們可以放心地假設，你也不會希望他成為你的老闆——但說不定，和你的現任老闆相比，你會覺得還是梭羅好）。

《在工作裡，我們活得有意義》這本書的寫作，將從逸聞與個人故事中取材，就像梭羅的寫作常見的那樣：我們與工作同事、鄰居、朋友們聊天，詢問他的日常瑣事。他們的想望、見解和敘述協助形塑了這本書，以及我們對梭羅和當代工作本質的思考。事實上，這是一種交織的敘事，試圖將我們的歷史與梭羅的歷史結合起來，以便能呈現出對理解當今工作的意義而言，梭羅的生活和思想，是多麼重要。

我們之中的大多數人，都必須將大部分時間投入工作，而許多人根本不希望如此。我們想要其他的東西，或許，是某種不可能成真的東西。當然，梭羅曾被指責為精英主義：對他而言，逃到他的湖畔小屋去研究哲學，是一件輕而易舉之事，而這只是因為他出生在特定的社會經濟階層裡，過得起這樣的生活。同樣的道理，這本書也可能被視為是精英主義作品：只有那些擁有足夠時間、金錢和教育的人，才有機會閱讀這本書。這等於是在說，唯獨擁有某種特權的人，才能過得「像梭羅一樣」。然而，能夠購買和閱讀書籍的社群成員，通常也都擁有工作，而正是工作，需要被重新評估，並以各式各樣的方式來重新設想。盼望這個事實，會吸引他們（吸引你）去了解梭羅對於工作的想法。當然，有些勞動者沒有時間，或無法閱讀這本書，我們認為這太令人遺憾了。就此而言，真正令人遺憾的，還是我們生活在一個勞動者沒有時間，或無法閱讀**任何**書籍的勞動體系裡。或者更糟——這個體系可能假定勞工根本就沒有這麼做的意願。梭羅不斷試圖去拆解的，正是這樣的一種體系。或許是時候致力於生活經濟了，如同很久以前，亨利・大衛・梭羅就致力在做的一樣。或許，我們之中的一些人，可以花一點時間和精力，走進那片久遠的樹林中，去看看梭羅究竟是如何工作的。

注解

1 William Ellery Channing, Thoreau the Poet-Naturalist: With Memorial Verses (Boston: Charles E. Goodspeed, 1902), 230.

2 Henry David Thoreau to Ralph Waldo Emerson, November 14, 1847, in The Writings of Henry David

Thoreau: The Correspondence, vol. 1, 1834–1848,ed. Robert N. Hudspeth (Princeton, NJ: Princeton University Press, 2013), 314.

3 Thoreau, Walden: A Fully Annotated Edition, Cramer's note, 17–18n95.

4 同上，56.

5 Robert Sullivan,The Thoreau You Don'tKnow (New York: HarperCollins, 2009), 207.

6 Henry David Thoreau, journal entry, December 13, 1841, in The Journal of Henry D. Thoreau, ed. Bradford Torrey and Francis H. Allen (Boston: Houghton Mifflin, 1949), 1:293–294.

7 Thoreau, Walden: A Fully Annotated Edition, 3.

8 Michael Meyer, introduction to "Walden" and "Civil Disobedience," by Henry David Thoreau, Penguin Classics (New York: Penguin Books, 1986), 12.

9 George Ripley to Ralph Waldo Emerson, November/December 1840, in Writing New England: An Anthology from the Puritans to the Present, ed. Andrew Delbanco (Cambridge, MA: The Belknap Press, 2001), 274.

10 Abraham Lincoln, "House Divided Speech," in Lincoln on the Civil War: Selected Speeches (New York: Penguin Books, 2011), 21–22.

11 Thoreau, Walden: A Fully Annotated Edition, 62.

12 Gandhi, "Chapter 6: Mahatma Gandhi and Responses," in Sources of Indian Tradition, 3rd ed., ed. Rachel Fell McDermott et al., vol. 2, Modern India, Pakistan, and Bangladesh (New York: Columbia

University Press, 2014), 366.

13 Gandhi, The Collected Works of Mahatma Gandhi (The Publications Division, Ministry of Information and Broadcasting, Government of India, 1964), 12:158.

14 John Kaag, "Thoreau: The Wild Child at 200," Chronicle of Higher Education, May 7, 2017, https://www.chronicle.com/article/thoreau-the-wild-child-at-200.

15 Thoreau, Walden: A Fully Annotated Edition, 16.

16 Sullivan, Thoreau You Don't Know, 162.

17 Thoreau, Walden: A Fully Annotated Edition, 5.

18 Lydia Marie Child, The American Frugal Housewife: Dedicated to Those Who Are Not Ashamed of Economy (Garden City, NY: Dover Publications, 1999), 3.

19 同上，106.

20 同上，105.

21 Thoreau, Walden: A Fully Annotated Edition, 68.

22 同上，18.

第一章

辭職

十八世紀末，梭羅的祖父建造了一棟現今位於康科德市中心的著名景點。[1]在今日，人們稱它為「協合殖民酒店」（Colonial Inn）。這座龐大的喬治式建築群，歷史可追溯至一七一六年；梭羅的祖父，則建蓋了酒店最東邊的部分。酒店的後方，也就是他奠下第一塊基石之處，如今是一個燈光昏暗的小地方，名為「村莊鐵工廠小酒館」，或簡稱為「鐵工廠」。酒館的牆上和天花板下，懸掛著風箱、獸軛和各種舊式農場用具。大多數的用具，現今的康科德居民已經無法辨認，更遑論使用了。在酒館中央有一座長型的橡木吧台，吧台後方站著一位身材高瘦的男子，名叫勞倫斯。

本章的大部分內容，都是在勞倫斯的酒館裡寫下的。

「這是一份很棒的工作。」有天晚上，他這麼說。

來自貝德福、康科德和萊辛頓的富有企業家和科技業務們，經常光顧「鐵工廠」，點一些價格過高的飲料，卻忘記要給調酒師小費。酒店經理以為自己是在施恩：他總是要求勞倫斯加班，卻忘記讓他補休。勞倫斯有兩個孩子和一個大家族，他會告訴你，他需要這份薪水。勞倫斯負責酒館裡的吧台，通常，是獨自一個人工作。

「這是一份好工作。」他又說了一遍，彷彿是在提醒自己。「但是我會盡快辭職。我還有其他的夢想。我要在佛蒙特州買一塊地，開設農場，賣一些農產品。但我真正想做的，其實是建立一個飛盤高爾夫球場。」

勞倫斯就像現今許多的工作者一樣，夢想著辭職。永遠夢想著。「愚蠢的堅持，是窩居在狹窄心靈裡的小妖精。」[2]梭羅這位典型的萬事通，將愛默生的話語轉化成一種生活方式。謀生，不再意謂一生只能選擇一次自己想從事的工作。如今，謀生的訣竅恰恰在於從一項專業，轉換到另一項專業——換句話說，就是在對的時間點辭職。梭羅描繪出這條道路。當然，辭職可以用更戲劇化的表達來理解，或可說是自主選擇，要全面退出現代資本主義這場群鼠大競走，或可說是為了抗議工作者的位階與價值每下愈況的職場。梭羅對於辭職的理解，包含了所有這些面向：辭職，讓人獲得嘗試新工作的自由；讓人拒絕向拜金主義屈服；讓人抵制道德立場可疑的某種職業。

這本關於勞動者梭羅的書，以探討梭羅的辭職作為開場，說來是有點奇怪。換句話說，以工作的結束作為開始，確實並不尋常。然而，比起任何人，梭羅都更堅信這句俗諺所云：「每一個新的開始，都來自前一個開始的結束。」這既是辭職的正向意涵，也是愈來愈多的現代工作者，很快就意識到的一項事實。至少在美國，人們已經放棄堅持了——我們集體提前兩週通知雇主，我們正式揮別職場。

「我們正身處在一波『大離職潮』之中，」《哈佛商學院實用知識》（*Harvard Business School's Working Knowledge*）報導：「員工們有時間和空間，去思考對他們而言，什麼是真正重要的事，也有不少選擇，因此，辭職率會攀升過天花板，也就不足為奇了。」[3]

我們已經嘗到遠距工作的自由，從此，拒絕再返回以往的工作模式裡。正如《科技藝術》（*Ars Technica*）最近所指出的，「遍及美國各地，蘋果、谷歌及臉書等大型科技公司的領導者，都正與數千名員工進行一場巧妙的周旋。這些員工最近開始覺得，雇主要求他們每天親自通勤到辦公室，是完全沒道理，也令人難以接受。」[4]這聽來像是聞所未聞的革命，但事實並非如此。對此，梭羅必然早有清楚的認知。人們很容易認為自己是第一個做某事的人，而這只是一種自覺重要的誘惑：我們渴望相信自己在當下的獨特經驗，確實是世上唯一要緊的事。然而，我們不會是第一個辭職的人，也肯定不會是最後一個。

早在一八三七年，亨利·大衛·梭羅就放棄過了。從前從前，在這一年，兩顆星辰交錯：梭羅甫自哈佛大學畢業，而一八三七年的大恐慌，則正要引發持續到一八四〇年代的經濟大蕭條。回到家鄉麻薩諸塞州康科德鎮後，這位社會新鮮人在就業荒裡拚命找工作，很快就找到一份教職，卻又很快就辭去教職，詳細原因，值得我們之後再好好探討……。辭職後，梭羅仍想另謀一份教職，於是先打了各式各樣的臨時工——在這段摸索期間，他也飽受肺結核反覆發作之苦。一八三七年十一月，他第一次成功發表作品：有關安娜·瓊斯，這位享年八十八歲之康科德鄉親的一篇訃文。到了一八三八年三月，梭羅向哥哥兼摯友約翰·梭羅，提議一起離鄉去闖蕩：「我有一個提議。我覺得……我們可以一起去大西部，要不就是共同創立一所學校，要不就是各自尋找適合的工作……我想我可以在我們鎮上借到資金。試一試沒有壞處。」[5]像這樣的一種離鄉闖蕩，在一八三八年五月展開，並且結束。五月二日，沒有約翰同行，梭羅帶著借來的十塊錢美金，和愛默生的推薦信，獨自前去緬因州謀職。十五天後，梭羅再次返鄉。在緬因州也找不到工作。

返鄉之後不到一個月，梭羅就在康科德的家族房屋裡創辦了一所私立學校。梭羅學校的學生數很快就從四名倍增加到八名，於是他邀請約翰加入教師團隊。用今天的術語來說，梭羅的學校可以被歸類為是一所「體制外學校」。梭羅兄弟允許學生們，在課間休息三十分鐘，而不是傳統的十分鐘；他們還會安排帶有職業訓練目的的校外教學，像是參觀印刷廠。不幸的是，由於約翰自己也罹患了肺結核，梭羅兄弟最終在一八四一年關閉了他們這間小小的學校。一八四二年一月十一日，二十五歲的梭羅失去了約翰——不是因為肺結核，而是因為約翰的手指被刀片割出一個小傷口，結果感染了破傷風。生活雖然看似穩定，但總是如此脆弱。失去哥哥，使得在梭羅未來的二十年餘生裡，每年的一月，在他心中都成了幽暗的季節。

一八四三年五月，梭羅搬到紐約史坦頓島，追逐他的文學夢想。作為一名自由作家，他取得了一定程度的成功。然而，他的紐約文學夢困難重重，最終失敗了。僅僅七個月後，他返回家鄉，試圖重整自己，並找回某種生活秩序。然而，一八四四年四月，梭羅和他的朋友愛德華．謝爾曼．霍爾（Edward Sherman Hoar），意外燒毀了康科德三百多英畝的森林。《康科德自由人報》的報導指出：「據我們了解，這場大火是由兩位居民的輕率造成的，他們在松樹的樹樁上升火。」[6]這或許就是壓垮駱駝的最後一根稻草。

一八四五年七月四日，距梭羅的二十八歲生日還有幾天時間，他再度放棄，繼而選擇過著無業的生活。當美國人舉國上下歡慶獨立紀念日時，梭羅擁抱屬於自己的獨立，從康科德步行兩英里，抵達瓦爾登湖畔。在那裡，他將度過兩年兩個月又兩天的時光。人們很容易將《湖濱散記》，解讀為美國第一本環境保護主義宣言，這是有其道理的。但是，我們也應該記住：梭羅在嘗試「回歸自然」的同時，也在嘗試擺脫資本主義式的盲目競爭——正是這種競爭方式，定義了他的文化。「只是謀生」，和好好生活（或該說是「真正活著」）是不同的；兩者之間，存在著一條巨大的鴻溝。這正是《湖濱散記》裡的不變訊息：我們不應該以為現代生活的瘋狂忙碌，就是生命的必要事務。人類生命之所以珍貴，乃是因為命如蜉蝣，轉瞬即逝。人會死於破傷風、肺結核、流行性感冒，或一場瘟疫。所以，最好別再浪費我們僅有的、少得可憐的時間。對梭羅而言，生命最好花在建造自己親手設計的極簡小屋，照料自己種植的豆蔬瓜果，以及帶領孩子們，穿越康科德四郊的野莓園。成為一位優秀的無業之人，意謂著重新掌握生活；或者，更確切地說——意謂著有意識地選擇珍視之所向，意義之所在。

應該說，辭職的原因林林總總——所有的原因，梭羅幾乎都不陌生。最單純的辭職原因，就是你單純無法繼續再做下去了。也許，這只是因為你並不擅長手邊的工作。這一點都不可恥（或者該說，這其實沒有那麼可恥），可恥的是你無法對自己承認這一點。在青少年時代，梭羅立志成為全美國最負盛名的詩人，但事情的發展也很單純：他失敗了。他的才華並不在此，而儘管從未完全放棄寫詩，但很大程度，他已經遠離了這種表達形式。也許就身體因素而言，你實在無法再繼續工作了。再一次，最好盡快承認這一點，並仔細聽從另一個召喚，即便這個召喚，是要你休養一段時日。梭羅和肺結核的日常搏鬥，往往使他必須中斷自己的工作。健康問題和壞運氣，常常會使辭職變得容易許多，通常也讓辭職這個選項變得再好不過了。這些放棄或選擇退出的理由，雖說並不特別具有哲學意義，卻仍然重要，因為我們之中的確有許多人，無法理解是某些天生的限制致使工作難以為繼。

哲學上有關辭職的有趣案例，都是選擇問題，也突顯出一個梭羅在自己的書寫中反覆提及的問題：「光有勤奮是不夠的，這對螞蟻來說也是如此。我們得問：你在勤奮地做著什麼呢？」[7] 如果我們的工作是「關於」錯誤的事物，那麼我們的人生也會是如此，而光是這一點，便足以構成辭職的理由了。否則，我們可能會如梭羅在《湖濱散記》裡所說的那樣，在臨死之際，才發覺自己從未真正活過。

梭羅見證了以消費者為基礎之經濟剩餘崛起，也就是說，他目睹過金錢變得空前重要。關於人活著可以光只做勤奮賺錢這件事，他有非常清楚的理解。大多數人認為，我們應該不計代價，爭取一生從事薪水最高的那些工作，梭羅卻不這麼認為。大多數時候，我們應當暫緩、審視或甚至放棄那些工作，因為正是那些工作，使人無法充分地活著。本書後面篇章，將會討論無意義的工作、報償和不道德的工作。現在，且讓我們聚焦在這個問題上：從今日所謂的「努力賺錢」這種狀態中退出，究竟有何意義呢？在《湖濱散記》裡，梭羅對於經濟的看法，源於他所閱讀的古希臘哲學；但同時，正如羅伯特．理查森（Robert Richardson）多年前所指出的，這也源於他對亞當．斯密《國富論》的心得。在《國富論》裡，梭羅發現了「一個基本前提」，即「真正的財富基礎不是金銀，而是生產性勞動。」[8]問問自己：在工作日裡，你實際上生產了什麼？是一件產品、一個想法、一份藍圖、一名對環境適應良好的學生，還是什麼都沒有？如果答案似乎無法令你滿意，或答案就是什麼也沒有，梭羅會建議——該是離開的時候了。

亞當．斯密認為：「每一個人的貧富程度，是根據他能夠支付生活中的必需品、便利與娛樂費用的程度而定。」[9]梭羅並不認同。生活中的必需品確實重要，梭羅也主張，每個人都應該具備為自己提供這些必需品的能力。然而，對像梭羅這樣的勞動者而言，現代娛樂倒是從來沒有什麼特別的吸引力。與亞當．斯密相反，梭羅寫道：「一個人的富裕程度，與他所能放下的事物數量成正比。」[10]梭羅並不是將貧窮浪漫化，而是指出我們的欲望以及對金錢的追求，往往會創造牢固的枷鎖、鍍金的手銬，將我們拘限在無趣乏味的工作裡。在遲暮之年，梭羅自陳：「一次又一次，我為自己的所謂貧窮深感慶幸。」[11]這不是苦行聖人的自我誇耀，而是一個人的誠實反思——他的欲望從未超出他的所得；他理解金錢的力量將如何扭曲我們的生活。梭羅接著又寫道：「昨天，我在抽屜裡發現三十塊錢，我幾乎感到失望，因為竟不記得自己擁有這筆錢。不過現在，我應該感到難過，因為我就要花掉這筆錢了。」[12]

金錢滋生欲望，使人想保有並積累更多的金錢；而累積在帳戶裡的金額，又刺激我們消費的衝動，最後使我們屢屢陷入債務之中。負債，也這就是羅馬人所謂的，把自己的人生交給「別人的錢」（*aes alienum*）。的確，人總是可以自行宣告破產，但令人驚訝的是，這樣的宣告卻十分罕見——遠遠更常見的情況，是人為了還清債務而拚命工作。我們寫出上述的文字，出發點並不是某些特權的觀點，而是親身經歷的磨難。我們兩人，都曾經為了償還實在不該招致的債務，而做過自己厭惡的工作。我們都曾經祈禱過，請上天讓我們不要在過程中倒下（因為一份你痛恨死了的工作而死，也太悲慘了）。我們也都曾經為了維持生計——或者更糟：為了維持我們逐漸習慣的生活方式——而遲遲不願辭去工作。

大學畢業後，強納森的第一份工作，是從清早六點起開始打掃停車場，接著，幫其他忙碌的上班族泊車。「泊車」這個詞實在太輕描淡寫了：強納森的老闆，要求他必須最大限度地運用停車場，也就是說，要發揮創造力，把每輛車都緊緊卡進危險的空間格局裡。每天早上，他都得克服巨大壓力，才能將某人的BMW，硬塞進一片由Land Rovers和凱迪拉克休旅車所組成的複雜拼圖中。每到晚上，當辦公室員工下了班要回家，相同的可怕戲碼，還得反過來再上演一遍。每天都是一場惡夢般的疊疊樂遊戲，而遊戲裡的每塊積木都極其昂貴。

有趣的是，改變人生的危機，往往能使我們從朝九晚五的日常中覺醒。更重要的是，它讓我們有了勇氣，去重新調整自己財務生活的優先順序，並且用不同的角度來看待我們的工作（及其可拋性）。梭羅之所以去瓦爾登湖，至少有部分原因，是因為哥哥死在他的懷中：人隨時都可能會在無預警的情況下就被生命給辭退，所以，最好是在還有機會的時候，將勤奮用在正確的事情上。

讓我們快轉到今日。我們當代經濟中的「大離職潮」一代人，是伊拉克和阿富汗戰爭時的孩童、金融海嘯時的年輕人，以及全球疫情下的成年人。在艱困中，他們吸取了類似「最偉大的一代」在經濟大蕭條時期所學到的教訓：要盡可能自給自足，因為國家這艘方舟總是傾斜，隨時可能傾覆。

「大離職潮」一代人，在氣候變遷的威脅下成長，於是自給自足，也意謂維護個人與全球的可持續性。為此，我們徹底強調一系列「自己動手做」的權利：「曬衣權」，也就是懸掛、曬乾衣服的權利；「維修權」：推動立法，讓老舊智慧型手機等產品得以維修，而非直接購買新的——即我們有權維護與修補我們所使用的產品；甚至是在自家前院種植蔬菜的權利（這件事在某些地方仍是違法的）。兩百年前，梭羅便在這樣的自給自足中，看見了真正自由的種子。梭羅式的自給自足，並不是孤絕，也不是「徹底的個人主義」，而是憑藉簡單且有意識的生活，來完善生命自身的美好。這就是美國的梭羅式轉向。

隨著日漸進展的網際網路基礎設施、進步的管理自動化、雲端儲存等技術發展，永久的遠距工作，如今已向數百萬美國人敞開大門。疫情期間，許多人在家中嘗到了自由的滋味，他們翻新房屋，打理花園（有些人甚至開始永續農業！）。隔離使家居變得愈形重要。我們之中，許多人不再被局限於商業廣場、辦公大樓，而是遷移到我們內心嚮往的地方，或把我們的家安置在真正心之所向之處。許多人，駕著露營車及改裝過的休旅車裡四處探索；一群群以車為家的旅居者，穿梭在美國的國家公園和古老陳舊的大街上。有人可能會說，現在出現了一股新的「宅在家」運動。我們正努力保持集體遠距。我們已經建造出屬於自己的湖畔小屋，而現在，我們打算要有意識地生活——或至少，我們夢想著要這麼做。

我們現在可以想見批評的聲音：大離職潮一代人並不偉大，他們只是懶惰。或許吧。當梭羅最終死於折磨他一生的疾病時，他親愛的朋友愛默生反思：「我忍不住想，他的無欲無求，正是他的錯誤所在。渴望無欲無求，使他選擇成為野莓果採集團的隊長，而不是規畫整個美國的未來。」[13]這也許是事實，但在我們聽來，似乎有些不公平。畢竟，跟著梭羅叔叔穿越野莓園的孩子們，其實是愛默生自己的孩子。梭羅選擇與愛默生的孩子一起去摘野莓果，而不是像他們著名的父親那樣出國旅行。人生，取決於選擇和觀看角度，而我們的傳統職業生涯，很容易掩蓋掉這個基本事實。

大離職潮是一種對工業模式、實體模式和辦公室工廠模式的放棄。當然，這種模式還沒有完全崩塌，但卻已經被灑上了助燃劑。誰能想到，梭羅對落葉的詠嘆，會和我們在數位時代相遇？或許，他一直在等待工業時代失去動力。當你最後一次開車通勤、離開商業廣場和辦公園區時，我們盼望你從後視鏡，一瞥那整幢辦公大樓，是如何沒入地平線之下。當你聽到GPS的語音，引導你離去時，也許，你內心的導航也正低語：「離開吧，不要回頭。」或者：「何處尋覓我的瓦爾登湖？」

小心讀書人（*Caveat qui relinquio*）：那些選擇辭職的人，冒著被人批評為廢柴、魯蛇和犬儒的風險。[14]事實上，最後一項指控有其道理。然而，梭羅幫助我們看到，若適切理解犬儒主義的話，它應該會成為一個識別標誌，而不是嘲諷之詞。在人生中的某些時間點，梭羅可以說是美國第一位、也是最徹底的犬儒主義者。而且，

今日的犬儒主義和他在一八四〇年代發展的哲學之間，的確有某種系譜相似性。例如，梭羅對那些裝模作樣的新英格蘭自由派精英毫無興趣。他進入哈佛大學就讀時，內心可謂並不情願，而學院的虛榮風氣，讓這位鉛筆製造商之子深受煩擾。他很快就確定，大學，即便是最好的大學，也只能教授「〔學問〕的所有枝微末節」，而無法「深究其根本」。[15]深刻的教育，真正深植人心的課程，應該要為有意義的工作做好準備。這些研讀和勞務，應該是實用的、親自參與的，而且最好的學習場所，是在教室四面牆之外的世界。我們應該已經很清楚，梭羅對現代勞動力抱有一種不加掩飾的懷疑，而且帶有強烈的憤世嫉俗。一八四五年，當梭羅逃到距離家鄉麻薩諸塞州康科德鎮兩英里的瓦爾登湖時，至少有部分原因，是為了尋求那種遠離商業、農業和當代經濟的教育。

梭羅隱居在森林裡，是為了追索並體現這個最具愛默生風格的理想：自立（self-reliance）。愛默生是梭羅的導師，比他年長十四歲。愛默生對哈佛和劍橋的高等知識文化、以及強大的經濟動力都提出異議，他認為，進入現代大學的機構和組織，往往需要付出高昂的代價——行使自主權的自由。梭羅表面上與社會分離，其實是試圖「以有意識的生活，來面對生活的根本事實」；來觀察自己是否真的「無法學到生活所要教導的東西。」[16]梭羅那為期兩年的簡樸生活實驗，目的是想知道若不受社會常規和傳統政治的腐敗驅力影響，生命將會是什麼樣子。

這一切，都與犬儒主義的悠久歷史相符。然而，若更仔細審視那段歷史以及梭羅，我們就會明白，現代犬儒簡化，或明顯誤解了犬儒主義這個思想流派的完整範疇，以及梭羅對它的詮釋。小小爆個雷：辭職沒有什麼壞處；事實上恰好相反。第一位犬儒學派的代表人物，錫諾普的第歐根尼（Diogenes of Sinope），體現了簡樸生活的理想，而梭羅在十九世紀嘗試復甦的，正是這個理想。在瓦爾登湖畔，梭羅住在一個十英尺寬、十五英尺長的木屋裡；第歐根尼更勝一籌，衣衫襤褸地住在一個翻倒的木桶裡。他反對另一哲學流派：伊比鳩魯學派（Epicureanism）。這個學派以其扭曲的現代形式（而非以其古老的原始形式）主張，生活的意義可以在文明的富裕中獲得。而犬儒學派及梭羅則想知道生命的可能性——在沒有社會約束的情況下；以及更重要的，在沒有物質財富束縛的情況下。

今日，許多所謂的犬儒主義者，也是自立的資本主義者。他們對大政府和機構控制的懷疑，源於他們認為這些代理人欺騙了人們，奪走他們應得的財富。當然，這種想法令第歐根尼和梭羅極為反感，他們認為，我們這個時代，顯然將物質財富與人類繁榮混為一談，而這是極為嚴重的錯誤。

根據傳說，第歐根尼會坐在他的木桶裡，對路過的有錢人吠叫（「犬儒」這個詞源自於希臘語的「kynikos」，意思是「像狗一樣的」）。梭羅對現代資本主義的批判方式稍微更隱晦一些，但也僅只是稍微而已。要記得，〈經濟〉是梭羅對現代物質主義的積極批判。梭羅提醒他的讀者，「經濟」此詞原先並不是指一個人身有長物，而是指是一個人在哪裡營生——或更準確一點說：指人如何營生。「經濟」事關一間房子，一個居所。如此而已。

在瓦爾登湖畔，梭羅藉由剝除生活中的多餘物質，試圖重新學會為自己創造一席之地，並且欣賞金錢無法買到的無價之物：美德、美景與平靜。「大部分的奢華、大部分的所謂生活的舒適，」他表示：「非但沒有必要，而且對人類的進步大有妨礙。」[17]令人不安的是，如今，「營生」通常與生活本身無關，比較像是生活的推遲，是為了未來的財富，而犧牲了當下時刻。梭羅知道，「oikos」除了是居所或家以外，還有另一個含義——它可以也經常意指「牢籠」。

梭羅逃離到文明邊緣的明確行動，也許看來，像是預告了許多現代犬儒的分離主義心態，但事實卻並非如此。正如在約三十年前所寫的梭羅傳記中，作者羅伯特・理查森指出的，梭羅的「冒險，絕不是一種退卻或退隱。他自己認為這是一種前進，一次解放，一個新的開始。」[18]犬儒主義者與社會保持距離，是為了獲取一個有利於批判的位置，來審視社會弊病。同樣重要的是，保持距離也為重新評估在當下，關於生活，什麼對個人而言最獨特，對普遍而言最正確。這正是辭職所能具有、也應當具有的意義——不僅就某些情況而言是如此，對所有情況來說也皆是如此。

讓我們想一想：當你辭去現代社會中的身分地位（這個身分地位，幾乎跟你的工作融為一體）時，實際上，你能夠拿回的是什麼。當遭遇「你是做什麼工作的？」這個問題時，假如你有機會做其他事情，或做任何你想做的事，或什麼都不做的話，你會怎麼回答呢？這正是犬儒主義者第歐根尼曾經面臨的狀況，而從他的回應中，我們可以學到一些重要的東西。有一天，旁人問這位犬儒：你是誰？面對這個問題，當時人們幾乎總是以出生城市來作答；如今，我們大多數人則會以特定職業或工作地點來回應——「我是郵差」、「她是教授」、「他們在國稅局工作」，諸如此類。第歐根尼沒有照本宣科作答，而是說出一個革命性的答案：他不是來自任何特定的城市或城邦，而是來自整個世界；他是第一位世界公民。

這和梭羅拒絕參與（或拒絕繳稅給）一個他無法認同其政策的國家，並沒有太大的區別——在這個例子裡，梭羅拒絕支持美墨戰爭。從存在主義的角度看來，無論是在一個木桶裡或在一間簡陋小屋裡，無論是在監獄或在荒無人煙之處，你都可能真切感受到，自己並不受制於任何特定的政治秩序，或勞動模式。這樣的感受使人孤獨，卻同時也使人自由，最終（有點出乎意料地），還使人完整。卸下你時常扮演的角色，使你擁有了自由，去假想其他更廣泛的關係，或根本不去假想任何關係。這就是辭職的好處之一。

當第歐根尼說自己是整個世界的公民時，就字面看來，他就是一位世界主義者。在《湖濱散記》的結尾，梭羅也讚頌了世間男女，在春季的如期重生。這就是犬儒主義廣受遺忘的另一面：對一切有組織事物的懷疑，已經被一種信念所取代；這種信念主張，人類實際上是深刻地、普遍地相互連繫在一起的；這種連繫，不是由像工作那樣的社會制約，而是由自然來促成。腐敗的制度將會更加腐敗，而種種社會制約的真正危險，在於它們持續孤立眾人，並在文化群體和社會經濟階層之間，設下了虛矯的界線。

於是，犬儒式的辭職，一方面是為批判與否定，另一方面，卻是為了心存希望——期盼能建立一個群體，使其超越一切對特定領域的忠誠。犬儒主義淡化了傳統上我們對宗教、經濟和政治的依附。藉此，犬儒主義也賦予我們一種自由，去理解那些超越一般雇傭形式所預設之界線的連繫。

梭羅過著一種極好的退隱生活，而其中，猶有一個特別突出的時刻。這個時刻，我們前面只稍微提及，但事實上值得更深入探討——那就是梭羅和尼希米．鮑爾（Nehemiah Ball）執事之間的對抗。尼希米，是《舊約聖經》裡一個由硫磺與火所鍛造的名字。這位執事在康科德當地的清教徒機構中廣受尊崇，也的確不負眾望。彼時，梭羅剛從哈佛大學畢業，受聘為中央學校的教師，月薪五百美元使他成為鎮上薪資最高的教育從事者之一。根據某些說法，這本是梭羅的夢想：有機會教育年輕人，以確保國家的道德命運。這聽來浮誇，但梭羅或許真的就是如此看待他這份工作。然而，就在梭羅任職的第二週，執事來參訪，他坐在課堂上逐漸感到不滿——他認為學生們不夠聽話。課程結束後，他要求梭羅施行體罰。

梭羅拒絕打學生，並和執事發生了口角。他這種寬容的教學方式，很快傳遍整個康科德社區。執事的命令其實是一項考驗：無論是否合乎道德，為了保住這份工作，梭羅願意付出多少努力？作為本人的那個梭羅抗爭不從；作為教師的那個梭羅，卻堅持繼續努力。於是接下來，梭羅做了一個讓未來學者們困惑超過百年以上的舉動：他隨機挑出幾名學生（數量根據各種紀載，從兩名到十幾名不等），鞭打了他們；然後第二天，梭羅回到課堂，宣布他再也無法教書了，他的良心不允許。

但請稍等一下。到底，梭羅想藉鞭打學生的行為表明什麼呢？一種殘暴、一種羞愧，還是一種抗議？我們並不確定，但我們相信，這說出了某些關於不道德工作的重要事理。梭羅終於體認到，許多職業的不道德，源於體制的命令與控制結構。梭羅只是聽令行事，理論上，他對體罰並不負有責任；他只不過是體制的一部分，而這個體制有系統地貶抑（其實是壓迫）最年輕的成員。在聽令行事的過程中，梭羅讓自己成為共犯、成為施暴者，並展示了這一切全然且純粹只是隨機的不公正。這裡沒有英雄。事實上，梭羅還是負有責任的，而他知道這一點，那些被打的孩子們也都知道。

然而，梭羅做了一件許多不道德工作者從未做過的事：他辭職了，並且毫無戀棧地走了。根據各種記載，他後來成為一名出色的教師和工作者，這不僅是就兩者的實務層面而言，也是就更重要的道德層面而言。有時候，我們辭去職務並失去薪水，得到的卻是夜裡安眠時的內心平寧；重新拾回的，正是我們的自尊。

最後，再來說說尼希米．鮑爾吧。在近期，與一位知名大學的哲學榮譽退休教授的談話中，我們問他，為什麼像梭羅這樣的人，會在受聘不久後就辭去他在中央學校的職位？教授停頓了許久，久到足以讓我們所有人都深思體罰的不道德。這位教授一生都致力於研究梭羅，想必會有一番見解。他深吸一口氣：「許多人認為他們需要一份工作。許多工作都要求你得有一個老闆，而大多數老闆都是混蛋。老尼希米就是其中之一。」[19]有時，這個理由足以讓人辭職，並且永不回頭。

當我們在寫著這一章，並想著該如何結尾時，我們在領英（LinkedIn）上看到一篇貼文。我們認為這篇貼文會是個完美的收尾。谷歌前員工達里安．拉希姆扎

德（Daryan Rahimzadeh），寫下他從谷歌辭職的個人經歷。根據他的個人資料，他是一位「木工、狗爸爸、有抱負的激勵者」。我們聯繫了達里安，詢問能否全文引用他的文章。他欣然同意了（為了我們所有人的利益）。

在谷歌的招聘和人資世界擔任了各式各樣職位五年多後，我很興奮地宣布……

……沒事。

對。沒事。

上週，我離開了谷歌，在歷經了十八個月的過勞、兩次的重組、擔任數個不同的職位、不斷變化的績效期望、換了四位不同的主管，所有這一切都與我正在進行中的私人事務交雜在一起之後。當我展望二〇二二年時，我知道我不能再這樣下去了。我思索著接下來想做什麼，今年想要完成什麼目標，唯一浮現在我腦海中的卻是：

什麼都沒有。

這並不全然是真的，但那就是我的感受。在歷經了五年相對出色的表現後，我開始在自己的職位上感到掙扎。我尋求幫助，試圖弄清楚「為什麼我做不到這件事？」我依靠同事、經理、主管、教練、諮商師、精神科醫生，雖然他們當中許多人都是很好的聆聽者並給予支持，但沒有人真正給我任何解答。我感到沮喪，筋疲力盡。

我其實沒有什麼特別的目的，但我想分享過去一年裡，我所學到的關於心理健康和福祉的重要課題，現在想起來這似乎再清楚不過，但願我之前也能明白：

沒有人能替你做。你一定要親自去做。

在你沮喪的時候，這句話是**很難**聽進去的。我曾經多麼渴望能夠收到來自某位經理、人力資源部或桑德爾本人寄給我的電子郵件，裡面有解決一切問題的靈丹妙藥、可以改變一切的某個專案、角色或公告，於是忽然間，我又能重新回歸，發揮所長。但每天早上，我能找到的只是：

什麼都沒有。

如果你在等待某人來拯救你，請聽我一句，那個人就是**你自己**。你無需獨自面對這一切，請找人談談，和任何人談談。老天啊，跟我談吧，我會聽，真的。私訊我吧。但這確實需要**你自己**去完成——無論**它**是什麼。辭職、轉為兼職、重返校園、結束一段關係、搬回家、看心理醫生、接受藥物治療，無論**它**可能是什麼，或可能不是什麼。

我本來很猶豫在這裡寫下任何相關內容，因為我覺得「嗯，這不太專業。」關於別人對我、我的工作、我的職業等等想法，總是推動著我的決策。我不想再這樣下去了。我正在努力找回我的靈魂。我正在努力將「做自己」融入「我的幸福安康」中。你知道什麼比健康更重要嗎？

什麼都沒有。[20]

注解

1 本章改編自約翰・卡格和強納森・范・貝爾的「What Thoreau Can Teach Us about the Great Resignation,」Fast Company, November 11, 2021, https://www.fastcompany.com/90695132/what-thoreau-can-teach-us-about-the-great-resignation.

2 Ralph Waldo Emerson, "Self-Reliance," in Self-Reliance and Other Essays, ed. Stanley Applebaum (Mineola, NY: Dover, 1993), 24.

3 Sandra J. Sucher and Shalene Gupta, "Worried about the Great Resignation? Be a Good Company to

Come from," Harvard Business School Working Knowledge, August 4, 2021.

4 Samuel Axon, "Big Tech Companies Are at War with Employees over Remote Work," Ars Technica, August 1, 2021.

5 Henry David Thoreau to John Thoreau, March 17, 1838, in The Writings of Henry David Thoreau: The Correspondence, vol. 1, 1834–1848, ed. Robert N. Hudspeth (Princeton, NJ: Princeton University Press, 2013), 37.

6 As excerpted in The Walden Woods Project,"The Thoreau Log. 1844," accessed February 19, 2022, https://www.walden.org/log-page/1844/.

7 Henry David Thoreau to H.G.O. Blake, November 16, 1857, in Great Short Works of Henry David Thoreau, ed. Wendell Glick (New York: Harper & Row, 1982), 100.

8 Robert D. Richardson, Henry Thoreau: A Life of the Mind (Berkeley: University of California Press, 1986), 167.

9 Adam Smith, The Wealth of Nations, Books I–III, Penguin Classics (London: Penguin Books, 1986), 133.

10 Henry David Thoreau, *Walden: A Fully Annotated Edition*, ed. Jeffrey S. Cramer (New Haven, CT: Yale University Press, 2004), 79.

11 Henry David Thoreau, February 8, 1857, in The Journal of Henry D. Thoreau, ed. Bradford Torrey and Francis H. Allen (Boston: Houghton Mifflin, 1949), 9:245.

12 同上，9:245–246.

13 Ralph Waldo Emerson, "Thoreau," Atlantic, August 1862, https://www.theatlantic.com/magazine/archive/1862/08/thoreau/306418/.

14 關於梭羅和犬儒主義的這部分改編自約翰·卡格的"Thoreau's Cynicism, and Our Own," Chronicle of Higher Education, March 19, 2017, https://www.chronicle.com/article/thoreaus-cynicism-and-our-own.

15 As quoted in John Albee, Remembrances of Emerson (New York: Robert Grier Cooke, 1901), 22.

16 Thoreau, Walden: A Fully Annotated Edition, 88.

17 同上，14.

18 Richardson, Henry Thoreau: A Life of the Mind, 153.

19 羅伯特·格羅斯（Robert Gross）對鮑爾執事提出更謹慎（而且可能更公平）的評論。鮑爾是教育的忠貞信徒，一個真誠且非常勤奮的人，他是學校委員會的一員，負責監督課程。他的工作是觀察年輕教師在課堂上的表現，而他觀察到梭羅的學生在課堂上其實不太守規矩。再次，指示梭羅制定適當的體罰是他的職責所在。這裡頭並沒有說明鮑爾的性格，也沒有說明十九世紀施行體罰教育的一切。然而，這一點可能是正確的：當梭羅違背良心時，他辭去了工作。詳見Robert A. Gross, The Transcendentalists and Their World (New York: Farrar, Straus and Giroux, 2021), 461.

20 經Daryan Rahimzadeh本人允許引用。

第二章

打卡

在瓦爾登湖畔，梭羅如此記錄他的工作日：「大多數時候，我並不在意時間如何流逝。時光向前推移，彷彿只是為了照亮我的某些工作：這才清晨；哦，看啊，轉眼又是日暮時分了，卻沒有完成什麼值得紀念的事……我的日子，並非以帶有異教神祇印記的每週七天來循環；每天也不是被切分成特定的二十四小時，使我，在時鐘不停的滴答聲裡備受研磨。」[1]

今日，時鐘的滴答聲使我們大多數人感到煩躁。滴答滴答：該起床了，該洗澡了，該走了，該打卡了（不能太早，也不能太晚），該工作了，該休息一下了，該繼續工作了，該吃午餐了。滴答滴答。該假裝在工作了，因為你已經精疲力竭。該倒數計時了，滴答滴答。時間就是金錢。時鐘像一條鱷魚尾隨在你身後，吞噬你成年後的生活。

如果你看一眼梭羅寫字檯的翻板背面，你會發現數以千計的鉛筆痕跡，那是他隨性削鉛筆時所留下的痕跡。這是梭羅唯一認可的「打卡」方式，也僅只記錄了他著手工作的意圖。梭羅在他的小書桌前所做的一切，完全取決於他自己，而那些邊框的刻痕似乎在說：「預備，就位，起跑。」他出發了，但從來不會是在別人的時鐘下奔跑。

我們的日子屈指可數，但我們的每時每分，也必須如此機械地計數嗎？我們常談到「上班時間」和「下班時間」，界線卻往往模糊不清。雇主和員工爭論通勤時間是否應該算作「上班時間」。用梭羅的話來說，人生的任務是「充分善用時間」，於是，擁有一份工作時間表並不可恥。但「打卡」這件事，梭羅絕對無法忍受。「上班打卡」，或者說，讓一個人對老闆、監督者或「上級」而言變得如此透明，這與廣泛形塑梭羅人生的超驗主義理想完全背道而馳。這種手段，將人的生命時間簡化為某種可替代的、無差別的東西——最終，你等於是用自己無法被償還的時間，來交換幾個銅板。個體的生命價值是什麼？工業革命時期的工廠裡，時鐘是用來將薪水精確計算到幾角幾分的。最終，這就是問題所在。「對一個人來說，」梭羅喝斥道：「對一個人來說，沒有什麼比從容做成的決定更管用的了。」[2]

「經濟」這個詞，既有最人為、也有最自然的意涵。一方面，正如我們之前探討的，關於家庭（特別是家庭照料），它是最簡單的一個詞彙；另一方面，它意謂著現代生活的一切奢華。正是這種張力，使《湖濱散記》的第一章顯得如此荒謬，卻又

如此一針見血。經濟，一直是生命（無論是人類還是非人類）存有的重大問題，但在過去的三百年——對宇宙存有而言，這不過是一瞬之間——經濟變得愈來愈人為，與日常生活中的自然興衰格格不入。對梭羅而言，訣竅在於善用時間，儘管個人的時間終究有限。

人類歷史的大多數時候，健全經濟的一天是日出而作，日落而息。但在梭羅的童年時代，從黎明到黃昏的農村工作時程表，已漸漸讓步給日未出即起而作、日落猶不息的工業工作時程表。康科德鎮周遭的廠房將工作時間延長至夜暗之中，報時鈴和號角聲，鳴響了生產勞動的每時每刻。梭羅對此不以為然。他認為，工作應該要既能鍛鍊身體，又能提振精神，而不是壓垮我們或使我們受挫。秉持一位自然學家對身體能量起落的敏感度，梭羅如此思考一天的時光：農耕有時，思考與書寫有時，烹飪與灑掃有時，準備及建造有時，睡眠亦有時。這樣的時間安排，更貼近生理需求的本質，而這些需求，正被現代消費主義和資本主義的規定給壓制。梭羅仔細記述的瓦爾登湖畔時光，讓我們看到他根據天氣、光線和自然規律的行進，來安排工作時間。這提醒我們，工作始終是人類對自身無法掌握之條件所作出的反應，顯現人想融入宇宙**邏各斯**（logos）或秩序的欲望。梭羅從斯多葛學派人士——另一群偉大的勞動哲學家——

的著作裡，找到上述觀點的直接佐證。他們的思想，也顯現在梭羅對於時間和與勞動本質的深刻思考中。他們和梭羅都認為，真正美好的生活，仰賴我們與自然之必然性的節奏同步。抗拒那些你無法改變的事，只會適得其反。例如：你需要休息一下。

如我們已經看到的，梭羅見證了工業革命的開始與發展時期；也就是說，他可能是最早理解當代諺語「時間就是金錢」的美國人之一。於是，他也能反面理解這句諺語：浪費時間等於偷竊金錢。想一下「時間偷竊」這個概念，它也稱作時間和出勤詐欺，指的是某人領了薪水來工作，然後卻以**不工作**的形式來「偷走」時間。稍微揑造一下出勤卡、出勤單或出勤日誌都可能構成犯罪，這類行為，通常是以解雇來處理；但大規模的造假，就是完全不同的情況了。無論是哪種情況，時間偷竊，以及所有計時員那種斤斤計較的吝嗇，均將導致疑神疑鬼的偏執。若我發呆七分鐘，這算不算偷竊？我有沒有不小心在出勤表上寫錯時間？萬一他們找鑑識會計來查驗怎麼辦？萬一他們調出監視影像來看怎麼辦？鏡頭一定會拍到我歪躺斜坐、對天發呆的違規畫面。自然界排斥真空，管理界則厭惡有人放空，於是在工作時，你必須提供適量的服務。如果真要做白日夢的話，就留到下班後的晚上再做吧。

在哈佛就讀的日子，使梭羅熟悉嚴格的時間表，也使他開始唾棄這種時間安排方式。當時的校長約西亞．昆西（Josiah Quincy）以鐵腕手段治校，創立了「積分表」制度，以學生背誦文章的速度來給分。昆西的「積分表」，代表了時鐘加諸在生命之上的另一種禍害形式：微觀管理。正如梭羅在《公民不服從》中所寫，「政府管得愈少愈好。」[3]我們還想多加一句：管理者管得愈少愈好。昆西是微觀管理之王，速度與精確，是他的治校口號；哈佛的學生們，依據這兩項嚴格的標準來相互競爭排名。那些愈超前完成規定期程、累積愈多積分的學生們，將獲得金錢上的獎勵。梭羅的家庭，在他大三那年遭逢財務危機，梭羅因此錯過了一整個學期，缺席的時間無法在當下補償，於是他的班級排名因此一落千丈。原來，當一個人必須按照緊湊的時程來工作，時間的消逝是無法挽救的。這是現代生活的一堂課，而梭羅拒絕接受。這或許也是他與哥哥約翰開設學校時，為學生制定了超長下課時間的原因之一。

然而，囉嗦的時鐘還在滴答作響，持續朝你逼近。一八四三年，梭羅來到紐約史坦頓島，擔任愛默生家的家庭教師時，他置身在另一個相對嚴格的時間表裡：早上六點半吃早餐；早上九點至下午二點準時上課；正午十二點，有半小時的午餐時間。他從未明確抱怨過這樣的生活制度，但他「下班後」的狀態，令人不禁聯想，這可能是他對自己的工作時間被他人如此仔細度量所做出的回應——基本上，他下班後什麼事都不做。當代的微觀管理，不僅意謂著一絲不苟的時間控管，還涉及按計畫執行小任務時，不必要的過度苛求。梭羅說出了我們許多人逐漸意識到的一件事：「許多人會一邊用一種愚蠢的方式來談論瑣事，一邊跟彼此道歉。因為他們意識到自己正一邊捲入這等瑣事、一邊忽略掉他們本來要做的事，一邊又用捲入這等瑣事來互相娛樂與勸解。然而，真相是：就連他們本來要做的事，也只是瑣事；甚至幾乎他們的整個人生，也全都虛度了。他們卻蠢到無法自知。」[4]

不過，可悲的是，我們許多人的確自知這一點，並意識到被微觀管理時所付出的真正代價。我們只是找不到出路。或者，較樂觀地說——我們只是還沒有找到陷阱上方的活板門。

我們的工作生活受到嚴密管制，遵循一個可以預測、且通常過於僵化的時間表，而這個時間表，遵循循環週期和天文模式：每年、每月、每週、每日、每時和每分，都得預先標記。然而，我們的身體狀況，遠不及太陽、地球和月亮的關聯那般可測。我們的健康有陰晴圓缺，但不如月亮那麼規律。如梭羅所說，「我們的年歲狀態是一回事，年曆上的情況又是另一回事。」[5]常見的時間管理方式、勞動者的言聽計從、出勤表的不容寬限，都使梭羅一再反彈：「他們繼續出版『年刊』……或類似的東西，僅僅只是出於習慣。跟你的生命的逐年狀況相比，這些東西顯得多麼微不足道，因為你可以自己去體驗生命！黃道帶的標誌對我而言，遠不如我在春天裡看到的一條死魚來得重要。」[6]

梭羅能在沒有工具輔助的情況下，知道一天的時辰，以及一個季節的確切時間點。在康科德周邊，他以此聞名。某種花將在何時綻放，太陽會從哪個角度照耀地面，問梭羅就知道了。他就是知道自己身在何時與何方。他的工作，總是按照自然時序來校準。這並不是說，他每天皆憑直覺在同一時刻開始工作，或是他嚴格要求自己的上下班時間（根本差得遠了）。他只是意識到，依照古代斯多葛學派的說法，良好的工作必須與自然的運作相互融洽。更確切地說，人必須時刻保有敏感度，讓自己的工作狀況，配合自然的律動。正如梭羅所言：「時間只是我垂釣且啜飲的河，飲水時，我看見河底的沙礫，察覺這河多麼清淺。涓細的流水走遠，卻篩下了永恆。我願更垂首暢飲，就像在天空中釣魚；天底，布滿了小石子般的星星。」[7]

我們知道你可能會想：垂首觀星的梭羅，對我的每日計畫或排程會議，根本一無所知。我們向你保證：他知道的；他只是希望你能換個角度，來看待這一切。當生活或工作的時刻到來，人確實需要有所反思——現在適合工作嗎？這正是「彈性時間」

的真正智慧，一種允許工作者根據生活壓力、乍現靈感，或純粹只是突發奇想與姑且一試的意願，來調整每天開始工作的時間。

以梭羅對晨間工作的看法為例。某些時候，他厭惡這件事：「早上的工作啊！……在這個世界上，有什麼工作值得人在早上做呢？我的桌上，放著三顆石灰石，每天都得為它們撣灰塵，實在令我震驚——我心裡的灰塵都還來不及拂拭呢！所以，我把它們狠狠扔到窗外。」[8]然而，在《湖濱散記》的〈豆田〉一章中，梭羅又全然支持在黎明的曙光中工作：

> 在土撥鼠或松鼠還沒跑出來之前，在太陽還沒爬到矮橡樹叢上方之前，當每一顆晨露都還飽滿的時候，我已經在我的豆田裡鏟平那些高傲的雜草，並在它們頭上灑上泥土了。雖然農夫們警告我不要這樣做，但我建議你，盡可能在晨露未散之時，做完所有工作吧。一大清早，我赤著腳工作，就像一個造型藝術家，濕漉漉地站在浸了露水的散沙中。[9]

在看似矛盾的晨間工作描述中，其實有個一致性，那就是：我們的身體和意志十分多變，即便是對兩者所偏愛的工作類型而言，也是如此。有些日子，我們願意做晨間工作，有些日子則沒那麼情願。當然，對我們之中的有些人來說，身體是永遠無法工作的。這一切都在提醒我們，所有經濟中的真正財富，正是良好的健康。需要彈性與敏感度，人才能保持健康的良好，於是，問題仍然是：現代工作有辦法令人健康嗎？

讓我們再退一步，深入探討。就像我們之前討論過的「經濟」一詞，「生態」(ecology）這個詞，也源於同樣的希臘字根oikos。這個字根（容我們再次提醒），可以翻譯為「家、居住地、住所」。然而，從這同一個字根，卻長出了兩個截然不同的詞彙。關於這同樣的一個家，一個oikos，一個地球，有時，我們會將其秩序、關係和模式描述為「生態」；有時則將框架轉移、或縮小為「經濟」。事實上，這兩個詞彙都是狂野的混沌之中，一切蕨類、工廠、苔蘚、商品、泥土、金礦、莓果、倉庫、溪流，以及地球上其他你所能想到之萬有的抽象化表達。在這個家裡，混沌萬有一起進化。物理學家約瑟夫・福特（Joseph Ford），曾簡潔定義這個過程：「進化是帶有回饋的混沌。」[10]一切有機關係的複雜特質，皆使我們深感驚訝，也難以理解。我們不知所措，只好簡化現實，以便能夠行動。然而，我們對自然的簡化有其後果，其中一些後果，甚至整整好幾代人都未能察覺。早在現代生態學家最近終於完整闡述以前，梭羅便已經理解到這一點：「〔我們〕學會建造房子，但房子卻生來不安於室。它們不滿意目前所在，就像土撥鼠不滿意牠們的地洞。如果你沒有一個可以忍受的星球來安放房子，如果你無法忍受此屋目前所在的星球，那麼，房子有什麼用呢？」[11]

作為一個生物體，無論好壞，我們都有**生物**需求。當然，我們需要睡覺，雖然這不是最有利的時間運用，卻是必要的。你可能聽過「時型」（chronotypes）這個概念，意指「睡—醒模式」的類型。有些人是「雲雀型」，意思是他們的清醒和活動高峰期，通常是在清晨和晚上。有些人是「貓頭鷹型」，高峰期更常出現在近午及晚上。還有「雨燕型」（清晨和夜前最有活力），以及「山鷸型」（近午和傍晚時更加活躍）。我們認為，梭羅會欣賞這些鳥類的比喻，而更重要的是，他會欣賞這個見解：單一模式並不適用於所有人。

舉例來說，我們知道，青少年時期的大腦發展，常常因為學校的晨間作息時間表，而遭受損害。這樣的時間安排，並不是順應發育中身體的生物需求，而是順應大多數家長們工作生活的現實，因為他們的工作很早就開始了。孩子們必須在你上班前抵達學校，因此必須早起，開始活動。快點！即使你孩子大腦的化學因子，更偏向「貓頭鷹」或「山鷸」時型，也必須被迫過著「雲雀」的生活方式。由於我們的工作生活中，一體適用的節奏，某些時型處在微妙的劣勢之中。

然而，標準化的生活仍在進行，時鐘仍然掌控一切。梭羅在他的散文《散步》中寫道：「我承認，我驚訝於我鄰居的忍耐力，更不用說他們的道德麻木了。他們整天、整週、整月、甚至幾乎是整年，鎮日關在店鋪或辦公室裡。我真的不明白他們是怎樣的傢伙——下午三點坐在那裡，彷彿是凌晨三點似的。」[12]梭羅寫道，他只要在屋裡「待上一天，身體就會生鏽」。[13]他需要隨時起身走動，否則他的身體就會抗議。「有時我會在一日的最後，像是下午四點，偷偷溜出去散個步。那時韶光已逝，白晝將盡，而我已來不及挽回這一天。當夜幕逐漸遮蔽日光，我感到自己似乎犯了一宗需要贖償的罪。」[14]

梭羅強調了我們能量的潮汐與季節，以及我們內在時鐘的各自不同。「當人變老時，」他寫道，「他坐著不動，並從事室內事務的能力也會隨之增長。隨著桑榆暮景的逼近，他的作息同樣逐漸日薄虞淵。到了最後，會變得快要黃昏時，他才現身露面，並在半個小時內完成他所需的散步。」[15]我們有些人，尤其是貓頭鷹型的人，早在年老之前就已經習慣了「夜行」的生活方式，但試圖跟我們的雇主說明這一點，並不那麼容易。「夜行」的生活方式，尚未成為大多數工作的醫療豁免條件。

當我們閱讀梭羅的作品時，請一定要記得，他對人類發展的觀點（例如，人應該有安排自己工作時間的自由），往往取決於他明顯意識到的階級現實。他能夠決定自己的「工作時間表」，乃是因為他願意放棄某些現代奢侈品（梭羅是一位「節儉富翁」，在極少資源下過著富足的生活）；同時也因為，作為一名穩固中產階級的哈佛畢業生，他擁有一定的生活地位。是的，梭羅家族在有些時候可能較為貧困，但他們從未真的**那麼**貧窮過。於是乎，沒錯，關於「打卡」的事，梭羅能夠教我們什麼，確實令人有些懷疑。畢竟，他一生中的大部分時間，都設法避免了這麼工作。

然而，對一個令人擔憂的事實，梭羅並沒有視而不見——在我們的社會中，經濟上最弱勢的群體，承擔了過多的匆促工作、被微觀管理的工作，和無意義的工作。一直以來都是如此；但絕對不是說，這樣的趨勢理應繼續下去。如果梭羅今日還活著，他一定會和我們一同面對生活的基本事實。於是，關於「打卡」的事實是這樣的：大多數美國勞動者（大約百分之七十五），在早上六點至十點之間開始他們一天的工作。這對他們來說是好事：也許，他們能夠在合理的時間上床睡覺，不會喝太多酒，早餐還能吃碗麥片。而生活在貧窮線之下的人，比起那些非貧窮人口，更有可能在非標準的時間開始工作。「更有可能」究竟是多可能呢？他們在下午三點至晚上十一點間，開始工作的比例，至少是後者的兩倍。這個時段，許多幸運且健康的人，正坐下來享用一頓有豆腐和蘆筍的營養晚餐的時候。而在美國，上夜班的黑人和拉丁美洲裔族群，比例則特別高。無論這些人是否天生屬於雲雀型、貓頭鷹型、山鶉型或其他類型都不重要——他們必須在晚上七點至午夜之間上班，通常會一直工作到天明。這對他們來說，可不算是好事了：也許，他們只能在照顧孩子的空檔，擠出幾個小時的睡眠；在其他人都在工作時，看些電視節目來自娛；晚餐，則吃一些除了麥片之外的東西（這可能就是他們的早餐）。時間滴答、滴答作響。

在《湖濱散記》裡，梭羅有句名言：「大多數人在沉默的絕望中生活。」這或許是真的，但並不是所有人都有選擇的餘地。[16]許多勞動者根本無從選擇。在梭羅的時代，他們被稱為奴隸；在我們的時代，我們看見那些奧妙，但又並不真的那麼奧妙的經濟枷鎖，拘限住了貧窮的人——其中許多人，或者是新移民，或者根源直溯美國的動產奴隸制。當我們跟隨梭羅在工作時，這些都是需要處理的「基本事實」。梭羅曾經、現在也仍然具有顛覆性，而我們不會美化他。他鼓勵我們所有人抵制壓迫的、以及傳統意義上的「打卡」；同時，他也鼓勵我們推翻一個制度，這個制度迫使數十億人參與一場「與時間賽跑」的比賽——這是一場人們注定無法獲勝的比賽。

注解

1 Henry David Thoreau, Walden: A Fully Annotated Edition, ed. Jeffrey S. Cramer (New Haven, CT: Yale University Press, 2004), 109.

2 Henry David Thoreau, journal entry, March 22, 1842, in The Journal of Henry D. Thoreau, ed. Bradford Torrey and Francis H. Allen (Boston: Houghton Mifflin, 1949), 1:342.

3 Henry David Thoreau, “Resistance to Civil Government [Civil Disobedience],” in Essays: A Fully

Annotated Edition, ed. Jeffrey S. Cramer (New Haven, CT: Yale University Press, 2013), 145.

4 Thoreau, journal entry, October 7, 1860, in Journal of Henry D. Thoreau,ed. Torrey and Allen, 14:104.

5 Thoreau, journal entry, October 16, 1859, in ibid., 12:390.

6 同上。

7 Thoreau, Walden: A Fully Annotated Edition, 96.

8 同上，35.

9 同上，151.

10 Joseph Ford, as quoted in James Gleick, Chaos: Making a New Science (New York: Penguin Books, 1987), 314.

11 Henry David Thoreau to H.G.O. Blake, May 20, 1860, in The Correspondence of Henry David Thoreau, ed. Walter Harding and Carl Bode (New York: New York University Press, 1958), 578–579.

12 Henry David Thoreau, “Walking,” in Essays: A Fully Annotated Edition, 246.

13 同上，245.

14 同上，245–246.

15 同上，246–247.

16 Thoreau, Walden: A Fully Annotated Edition, 7.

第三章　手工勞動

「媽，你為什麼要自己親手做？」

這是一個非常愚蠢的問題，但她的兒子有時就是這麼蠢。在他們那棟素樸的郊區房子，她跪在屋外的走道上，抬起頭來看向她兒子。

「兒子，親手做這件事，是因為這件事就是得親手做。」

她手裡拿著一把橘色握把的剪刀（用來剪紙的那種剪刀）；需要花費大半個夏日午後完成的工作，她已經做完一半了。賓州雷丁市的氣溫是華氏九十度，貝琪正拿著剪刀修整走道邊緣。關於她的回應有一點非常正確：用剪刀剪草的唯一方法，就是用剪刀剪草。哲學家稱這個為「套套邏輯」（tautology），指的是就自身定義看來，是為正確之事。然而，這卻也是手工勞動的重要真理：凡事沒有捷徑。親手完成一項工作，必然是自證自足的、獨一無二的，也沒有捷徑可言。秋天時，四十歲之齡、身高不到五英尺高的貝琪，每個星期四都會拿著一把小草耙，到草坪上打理庭院；冬天時，她會拿了一把小鏟子清理車道；春天時，她會用湯匙徒手拔除花園裡的雜草。在花園工作數小時後，幾乎已經搞不清楚哪裡是土壤，哪裡是貝琪的皮膚了。路過的人，能聽到她的喃喃自語，好像在跟自己說話，完全沉浸在工作中，名符其實親手做，她完全「融入其中」。庭院工作完成後，貝琪用手清洗家人的衣服、用手做飯、用手清理家中的牆壁（和天花板）、用手洗車、用手洗窗戶、用手為孩子洗澡、用手（還有膝蓋）刷洗廚房地板。年復一年。我們確信世界上有無數個貝琪，但她們很少獲得應得的回報。

貝琪從不雇用「幫手」，只是教導她的兒子們跟隨她的腳步；如果他們膽敢貶低手工勞動的神聖意義，她絕對會給他們苦頭吃。有一天，那個問出愚蠢問題的兒子，試圖用碎木料覆蓋雜草，而不是用手和湯匙將雜草拔除。他的母親立刻發現這個錯誤行為。

「兒子，」她停頓了一下，「我對你太失望了。」

他對自己感到的失望更甚。以後，再也不能把雜草簡單掩蓋過去了。

貝琪和梭羅對於手工勞動的重要性，有著如出一轍的觀點。誠然，貝琪的園藝工作，有時候接近於一種執著的、自我舒緩的行為，但梭羅在很多時候也是如此。用雙手工作，最理想的狀態，就是嘗試與大自然和自我建立起連繫；同時，也是一種自給自足、自立、自我掌控的嘗試。

梭羅對現代工作的批判性評估，與他對許多行業的追求源於相同根基。這一切，都在《湖濱散記》的第一段表露無遺：「在我寫下這些篇頁，或寫下其中的大部分內容時，我是獨自一人生活在林間，在麻薩諸塞州康科德鎮的瓦爾登湖畔，在我自己建蓋的小屋裡，距離附近鄰居都有一英里遠。**我只靠雙手勞動，養活我自己**。」[1]梭羅在瓦爾登湖畔的兩年生活證明了，只有透過手工勞動，人才能重建自己在萬有的自然秩序中的位置。只有透過這種勞動，才能真正做到自立。是的，愛默生稱「自立」為一種精神上的獨立宣言，但精神上的獨立，總是以能夠自食其力為前提——自己煮飯給自己吃、自己裁衣給自己穿、耕種自己要吃的食糧、過著堪可養活自己的簡樸生活。當然，梭羅的這種自給自足是有限度的（他經常從瓦爾登湖，跑回康科德鎮上吃飯和洗衣服）。偽善的老亨利。但至少他有努力過了，而且他使用鐵鎚、湯匙、鋤頭或縫針的能力也還算不錯。

當貝琪的兒子成為一名哲學家時，她感到有些困惑，然而，如果她知道他想成為什麼樣的哲學家——一名梭羅派的哲學家——對她來說，這一切都更具意義了。他從未真正明瞭，但在讀了足夠多的梭羅作品以後，他比較能理解母親對園藝和手工勞動的熱情了。一開始，在梭羅的幫助下，他逐漸意識到，當母親在院子裡用她的雙手工作時，她不只是在自言自語。她在花園裡從不孤獨。

當你用雙手工作時，可能會發生一些非常奇特、甚至是近乎神奇的事。當然，這不一定會發生（我們稍後會談到），但確實可能發生；對梭羅來說，這才是最重要的事。我們的雙手，將我們與這個世界、彼此、我們以外的生活和現實連結起來。大多數時候，我們覺得連結是理所當然的，也就是說，我們根本沒有留意。但梭羅告訴我們，我們應當留意：只要伸出手觸碰事物，感受它的溫度，它陌異的尖刺，它所召喚的親密感。感受這種特殊存在，與另一個存有（亦即你）的交織碰撞；感受你的手，與陌異事物之間的連結。接下來，找一點勞動——最好是你不討厭的工作：園藝、洗碗、幫孩子洗澡、釘釘子——試著專注在這個過程。你能辨別出土壤和皮膚的分界嗎？你能感受到水的溫度如何改變了你嗎？你能感受到釘子敲進木頭時的震動嗎？這與當下流行的「正念覺察」不盡然相同，但也相距不遠。然而，這種正念的意義，對梭羅來說有些不同。當我們伸出手，用手工作時，我們會漸漸明白，我們並沒有脫離自然，而是始終與自然緊密相連，是其生命與歷史的不可或缺的一部分。若梭羅最深切的渴望之一是「回歸自然」，重新接觸世界的原始，那麼，用手工作就是很好的第一步。手工勞動，有可能打破自我與他人之間，看似不可跨越的那道鴻溝。

梭羅精通印度教經典，特別是《奧義書》（*Upanishads*）。「你就是祂」（tat tvam asi）這句話，也許正是最重要的印度教教義之一，而梭羅對其中所表現的經驗現實深感興趣。這對梭羅意謂著什麼？當他在瓦爾登湖畔閱讀《薄伽梵歌》（*Bhagavad Gita*）時，他寫道：「離萬物最近的，是創造萬物存在的那股力量。」[2]確實如此。梭羅，與他的美國超驗主義朋友和歐洲浪漫主義者一樣，相信深度參與自然世界（與自然世界結合），可以揭示這種持恆且普遍的力量。然而，與許多超驗主義朋友不同的是，梭羅認為這種參與，最易於體現在手工勞動中。

《湖濱散記》最動人的篇章之一，名為〈豆田〉。這個標題看似平淡；這整個篇章，卻對雙手勞動的形上學可能性，做了細微而瘋狂的深思。「形上學可能性？」你可能會嘆口氣說：「醒醒吧！」但我們向你保證，這正是我們努力想傳達的：梭羅相信「投入」手工勞動，可以揭示一種在我們現代生活中經常被忽視的終極現實，也就是我們每個人，都與一股支持宇宙運行的力量緊密相連。如果這對你來說，有點超乎想像了，請別擔心：關於手工勞動，還有其他更實際的理由可以說明。但請再縱容我們一下。

〈豆田〉，是梭羅詳細記述在瓦爾登湖，他自己所種植之食糧的篇章。他種下的豆子，若排成一列的話將有七英里長。其實這些豆子太多了，梭羅根本吃不完，但這不是重點。重點在於梭羅對待這份工作的態度：

這時我的豆子……急待鋤草鬆土，因為最後一批還沒播種下去，最早一批已經長得很不錯了；實在不容再拖延。這一樁樁海克力士的小小勞役，如此堅定、自重的生長，有什麼意義呢？我不知道。但我漸漸愛上了這一壟壟豆田，愛上了我的豆子，雖然它們已經遠超出我的需要。它們將我和土地相連，使我可以像安泰俄斯那樣得到力量。可是我為什麼要種豆呢？只有老天知道。我從這些豆子上，或者豆子從我身上，能學到些什麼呢？我珍愛它們，我為它們鬆土鋤草，從早到晚照看它們；這就是我一天的工作。它們的葉子寬寬的，很好看。我的助手是露珠和雨水，它們滋潤著乾涸的土地，還有泥土本身蘊含的肥料，雖然大部分土地是貧瘠且枯竭的。蟲子、寒冷的天氣、尤其是土撥鼠，則是我的敵人。土撥鼠已經把我四分之一畝的豆子啃得乾乾淨淨。[3]

「僅知餖飣」（Knowing beans），通常代表你一無所知，但梭羅完全不同意。他相信自己可以從豆子身上，學到一些有用的東西；而且（這部分是更難以想像的），他也認為豆子可以從他身上學到些什麼。人類和植物之間的這種開放交流，究竟有什麼重要意義呢？「只有老天知道。」梭羅展現了他最真誠的一面：他自己與豆子之間的相應、互動與認同是有意義的，但具體意義究竟為何，真的只有老天知道。這份神祕，讓梭羅日復一日回到田野，守護他心愛的豆子，使其免受各路侵害（尤其是土撥鼠）。藉著種豆，梭羅將自己與大地連結在一起。這是「你即是祂」的真實感受——那個連結、那個力量、那個大寫的我（Self）。

假如我們將勞動生活重塑為神聖的，我們可能會想：這些聖事工作的神聖**目的**（若有的話），究竟是什麼？為什麼工作是神聖的？梭羅漸漸愛上他那些蹊徑成行的豆子們：它們的存在，甚至是它們的需求，都需要一種「小海克力士勞役」；這種勞動使他更強大，並使他與大地緊密相連。這裡的「力量」，並不是指肌肉的力量，或只是身體耐力，儘管照料豆田可能會帶來這種好處。確切地說，梭羅所指的「力量」，是一種精神上的活力或力量，一種充滿生活遠見的力量：「能畫出一幅特別的畫，或雕塑一座雕像，讓一些事物因而美化，的確是一種成就；但是，如果能夠描繪或雕刻我們用來觀看世界的特有基調與媒介，才是更輝煌的成就。」[4]

最近，一位非常優秀且聰慧的木匠珍妮絲，對我們說了一番話。這番話使我們覺得，梭羅對手工勞動的看法，並非只是昔日之事。她說：「當一根釘子被牢牢釘進去時，或一塊木板完全貼合時，你就是能夠感覺到。這個『感覺』究竟是什麼，我不知道。但那是一種美學，幾乎是一種宗教。」珍妮絲並不是一名「藝術木匠」，她不是那種會做出虎紋楓木安妮女王桌，然後拿去佳士得拍賣的木匠。她主要的工作，是負責建造房屋及更換地板。梭羅會說，做什麼根本一點都不重要。正如美國實用主義者約翰．杜威（John Dewey，他非常崇拜愛默生和梭羅），在《藝術即經驗》（*Art as Experience*）一書中所觀察到的，藝術與我們用雙手所做的瑣碎工作之間，並沒有明確的區別。兩者皆有可能，幫助像我們這樣的生物，與這個世界以及彼此建立連結。當貝琪在花園裡，她真的就置身在花園裡，完全沉浸在那片風景之中。而當珍妮絲將一根釘子釘進去時，她或許感受到自己與某種其他的東西確實連繫在一起——某種既奇特又熟悉的東西，就像回到家一樣。

現在，如果這一切看來太過古怪、以致難以置信，且讓我們回顧一下歷史：梭羅並不是第一個思考田野工作的本質與價值的人，他從古希臘羅馬思想中得到啟發。在此，古羅馬詩人維吉爾（Virgil）正是關鍵所在。維吉爾作品對梭羅的影響深遠，特別是《農事詩》（*Georgics*），這本卓越的農業詩歌。梭羅熱愛《農事詩》。羅伯特・理查森在其出色著作《亨利・梭羅：心靈的生活》（*Henry Thoreau: A Life of the Mind*）裡寫道：「梭羅從未對《艾尼亞斯紀》（*Aeneid*）表現出太大興趣，他始終偏愛《農事詩》。對他來說，這是世界級的偉大詩作。」[5]維吉爾的《農事詩》，造就了一些非常美麗、非常新穎的東西。長久以來，哲學家和神學家一直試圖理解，為什麼人類注定要用雙手如此辛勞地工作——往往是在田野間。他們之中的許多人，提出所謂「神義論」（theodicy）的不同範例。神義論一詞源於theos（神）與dikê（義），論述的正是神的公義性；一般說來，就是在論述中，將邪惡或困難的存在，與某種神聖存在和愛的至善相結合。更簡單說，神義論總是試圖解釋，若神真的關愛著我們，為什麼我們的生活（包括工作）還是那麼糟糕。維吉爾在《農事詩》裡，走出神義論歷史的革命性一步：他主張工作，尤其是農場的體力勞動，就是對工作自身的救贖。正如古典主義者伊萊恩・范森（Elaine Fantham）所寫：「維吉爾提出了通常被稱為神義論的論述；這是一種神話，為農場永無止境的艱苦勞動作辯護。」[6]

在《艾尼亞斯紀》之前、《牧歌集》（*Eclogues*）以後，維吉爾創作了《農事詩》。《牧歌集》的靈感，來自敘事詩人西奧克里托斯（Theocritus），他被認為是第一位田園詩人。至於《農事詩》，維吉爾則從瓦羅（Varro）《論農業》（*De re rustica*）、盧克萊修（Lucretius）《物性論》（*De rerum natura*）、尼坎德（Nicander）《農事詩》、古希臘詩人赫西俄德（Hesiod）《工作與時日》（*Works and Days*）（「〔我〕行過羅馬各城鎮，歌頌工作與時日」[7]）等作品中得到啟發。他藉閱讀廣泛借鑒。然而，還是赫西俄德《工作與時日》和他的神義論，與維吉爾的神義論最為相關，因此，也與梭羅的工作神義論（若我們可以這麼稱呼的話）相關。

工作艱難，常常令人痛苦，卻是難以避免。赫西俄德將這種情況解讀為懲罰，就像《創世記》裡的創造者所施予的一樣（「地必為你的緣故受咒詛；你必終身勞苦才能從地裡得吃的」[8]）。然而，維吉爾顛覆了赫西俄德的懲罰觀點——取而代之，他認為努力工作，是朱比特（Jupiter）的美好禮物。

……天父無意

使農耕之路平順易行，他設法砥礪凡人的心智，首先以農藝喚醒大地，並禁止他統治的王國沉迷於全然的倦意。

……正是朱比特賦予陰險的蛇以致命的毒液，令豺狼四處劫掠，令海洋波濤洶湧，使蜜露從葉尖灑落，爝火潛匿，

溪水中流淌的甘醴就此斷絕。

人們必須使用他們的智慧，逐步鑄就了諸般技藝，在犁溝間發現麥稈，或是在燧石的石脈內敲擊出蘊藏的火花。於是，河流初次承載起中空的朽木之舟；船員們查清了群星的數目並為之一一命名——

……諸般技藝亦日趨完備。不懈的勞動

克服一切萬難——困苦的生活促生需求。[9]

針對最後一句，愛爾蘭詩人兼編輯彼得・法倫（Peter Fallon）的翻譯稍有不同：「辛勤工作當道，辛勤工作和迫切的貧困。」[10]維吉爾認為，朱比特以匱乏、害蟲、枯萎和毒蛇來挑戰我們，是為了磨砥出我們內在所藏——那就像是「燧石的石脈內蘊藏的火花」。黃金時代或伊甸園時代的安逸生活，無法磨砥出人類的昇華。伊甸園裡沒

有勝利。在神義論的標準分類中，這可以說是「塑造靈魂神義論」（soul-making theodicy）：唯有經歷苦難，才能到達靈魂的最高巔峰。體力勞動的奮鬥，對此種成就來說是必要的——就定義而言，此種成就所要迴避的，正是悠閒的生活。

理查森將梭羅和農事詩緊密相扣，他寫道：「詩中真正歌頌的，是人類對大地的全力耕耘與種作。維吉爾是一名現實主義者，他相信工作，也相信工作所帶來的回報和滿足。維吉爾筆下的農人是勤奮的、務實的、自給自足，並且自己知足的。」[11]這就是維吉爾式的巔峰，也正是這種簡單而莊重的生活，使羅馬文明得以建立並鞏固。理查森將梭羅的工作觀，與「維吉爾式的工作倫理」相提並論，並將兩者，視作對新教工作倫理的反對。我們還可以補充說，兩者也反對**赫西俄德式**的工作倫理——它也悲觀地視工作為懲罰。維吉爾和梭羅認為，如果我們主動承擔勞動，我們將會磨砥自己、發現自己（如果不說是創造自己）：新的能力、新的情感、新的感知、新的敏銳度。並且，隨著愈來愈多人這麼做，我們的社會，也就愈能發展出新的感知和敏銳度。維吉爾筆下的農人，是羅馬偉業的縮影，梭羅則試圖成為一個偉大國家之工作典範的縮影。偉大國家，意謂一個正義且英勇的國家，其自由而獨立的公民熱愛這片土地、熱愛工作、熱愛自己的生活——一個最終在大地之上，感到安適如歸的國族。

古希臘劇作家阿里斯托芬（Aristophanes）有一個非常古老的故事，講述一個留著鬍鬚的男人，坐在熱氣球裡，俯視大地，向下方的鄰人大量傾注哲學建言。這個故事出自《雲》（*The Clouds*），是一個針對蘇格拉底（坐在氣球上的人），以及所有哲學家的嘲諷攻擊，批評他們總是高坐雲端。比起任何十九世紀的思想家，梭羅都更努力嘗試想將熱氣球的栓繩繫在地面上，拉回熱氣球，讓它著陸。梭羅認為，哲學家必須非常務實，因為務實是自給自足的基礎。他如此問道：「一個人若是哲學家，怎能沒有比別人更好的方式，來保持生命的熱量呢？」[12]在此，他用「生命的熱量」作為生存的轉喻，他想知道，在不仰賴他人餵養的情況下，我們能否維持生活。他關切的是對他人的剝削：我們的生活方式，可能使無數人類和非人類生命，皆陷入痛苦的勞動中。他擔憂「一天又一天，勞動者始終找不到空閒，來使得自己真正完整無損。」[13]因此，為了不再依賴他人，梭羅恢復了文藝復興時期的「全人」概念——博學者，但必須要是一個務實的博學者，能在田野、農場、森林裡安適如家，旁邊還有圖書館、講堂和立法機構。

請注意，梭羅的自立，源於他對他人福祉的關懷。「我們並沒有這麼溫柔地對待自己，也沒有如此對待他人。」[14]他親力親為所有工作，是為了減輕社會承載他的需求（和欲望）的負擔。我們（本書作者們）常打趣說，梭羅的靈獸是一把瑞士刀，但其實駱駝，才是梭羅真正的靈獸。一頭馱著鍋子、毯子、袋子、葫蘆和其他雜物的獸——駝峰上背著整個家。他希望我們盡力扛起自己的家，盡可能少將負擔加諸在他人身上。

作為一名美國公民，梭羅明白他的經濟糾葛，和動產奴隸制與強迫勞動的惡果息息相關。他熟悉奧瑞斯特・布朗森的勞工運動，也對工業化的危害十分敏感：「我無法相信，我們的工廠體系就是大家取得衣服的最好方法……工廠的主要目標，並不是為了讓人穿得好，穿得實在，而是——毫無疑問——要讓公司賺大錢。」[15]梭羅以他那個年代最具代表性的工業進步象徵（鐵路）的煤黑色彩，來描繪這些糾葛。「並非我們行駛於鐵路之上，而是鐵路行駛於我們之上。你是否想過，鐵軌之下的每條枕木都是什麼？是人，是愛爾蘭人，是美國北方佬。軌道就鋪在他們身上，沙土將他們掩埋，車輛從他們身上奔馳而過。我向你保證，他們睡得正酣。每隔幾年就有新的鐵路建成通車；由此可見，只要有人享有乘坐火車的幸福，必然有人承受遭到碾壓的不幸。」[16]

今日，我們仍默默接受類似的剝削糾葛。二〇二〇年，美國勞動部國際勞工事務局（ILAB），在一份關於國際童工和強迫勞動的報告中指出，全球有七千三百萬名孩童，是「從事危險工作的童工」，這是一億五千二百萬名童工中的一部分。咖啡、可可、甘蔗、大豆、稻米等產品，全都與童工和強迫勞動交纏。[17]不出所料，農業是牽連最深的產業。我們的食物，也就是提供我們「生命熱量」的燃料，往往仍憑藉剝削他人生命熱量來取得。

當我們盡力不去依賴他人時，我們也應該溫柔對待自己，盡可能減輕自己所承受的負擔。「當我碰到一個移民，身上背著裝了他全部家產的大包裹，蹣跚前行——那大包裹好像他後頸長出來的一個大肉瘤——我就心生憐憫，不是因為他的全部財產不過那麼一丁點兒，而是因為所有的財產他都得隨身帶著。假如我非得帶上我的陷阱機關，我一定要帶個輕便的上路。」[18]

坦白說，愈輕量的負擔，對一般人來說愈能持久背負。只有當我們不過勞時，我們才能繼續用自己的雙手勞動。隨著我們的負擔加重，想要替換、利用他人生命熱量的誘惑，也會隨之增強。當然，減少我們的勞動，需要重新評估我們的開支。梭羅寫道：「我不喝茶，不飲咖啡，不吃奶油，不喝牛奶，也不吃鮮肉，所以也無須為了得到它們而工作。」[19]

然而，即便是**負重較輕**的駱駝，其生活方式也是艱難的。你要如何將一種僅供糊口的生活，與美好的生活畫上等號呢？若目睹我們之中有人必須自己種植食糧，無法悠哉瀏覽超市繽紛的冷藏區，我們的生活很快就會變得怪誕。至少我們是這麼假設的，而這似乎是個合理的假設。

梭羅展示了「美好生活」確實也可能就是駱駝負重一般的生活——對許多像他這樣的人來說。首先，底層勞動可能培養我們的詩意能力：「誰知道呢？如果人們都用自己的雙手建造房子，用儉樸和誠實為自己和家人取得一日三餐，那麼詩歌的才華必然會普遍提升，就像鳥兒忙於築巢時，必把歡歌滿世界傳唱。」[20]對梭羅而言，這種「詩意的能力」是一種神聖的才能。

梭羅認為在勞動中，能夠找到神聖的詩意以及樂趣。他不是在開玩笑。「難道我們要將建築的樂趣永遠地讓與木匠師傅嗎？」[21]這是現代的危機之一——純熟的手工勞動將逐步淘汰，取而代之的，是進步的工廠製造。這不必然是產品製造的損失，卻是製造產品之經驗的損失。幸好，至少對梭羅來說，手工勞動可能還會以某種形式，存留一段時間：「家務，」他如此反思，「是一種愉快的消遣。」[22]「但雙手的勞動，哪怕近於苦役，或許也從來不是虛擲光陰的最糟形式吧。這之中包含一個永恆不滅的道理，對於學者而言，也產生一種典型的成果。」[23]

在瓦爾登湖畔進行的手工勞動，可能是為了追求一種神聖的生活（極致的美好生活），但要實現這個成果並不容易。「數以百萬的人清醒得足以從事體力勞動；而能勝任有效智力勞動的，則不過百萬分之一；再要到詩意而神聖的生活，則只有億分之一了。」[24]為了自給自足而努力——也就是說，為了實現**獨立**（各種層面上的獨立）——具有一種充滿活力或**覺醒**的力量。

每個人看著自己的木材都會萌生一種情感，我喜歡把木料堆於窗下，碎木片愈多，愈能使我記起那些愉快的工作。我有一把沒人要的舊斧頭，冬天裡，我常在屋子向陽的一面砍掉豆田中挖出來的樹根。正如耕地之馬的主人所預言過的，那些樹根給了我兩次溫暖，一次是我劈開它們的時候，一次是在燃燒它們的時候。再也沒有任何別的燃料可以提供更多的溫暖。[25]

「沒有任何別的燃料可以提供更多的溫暖。」沒有什麼比我們自己的勞動，更能令人感受到活著的鮮明。我們感受到一種「生命熱量」，即便是在冬日。工作是神聖的，但卻經常遭受褻瀆，這往往是由於分工所造成的，正如梭羅所見（我們「盲目地以最大限度的勞動分工為原則，遵循此等原則，必須足夠審慎。」——與其做一顆齒輪，不如當一隻駱駝）。[26]你未必會視工作為神聖，但或許那就是**你**所喪失的東西。如果你不喜歡自己的工作，如果身在其中沒有樂趣，如果工作對你來說不是神聖的，那麼，你已經默許了一種去神聖化的工作形式。「但我們沒有其他實際的選擇，」我們哀求。「一種似是而非的，通常我們稱為『必然』的命運支配了人，」梭羅描述了這種宿命論，以及我們因此遭受的褫奪：「人較好的部分也很快就被犁進土壤，成為肥料。」[27]

早晨，對我們兩人來說，意謂著做家事：洗碗、擦桌面、泡茶、做早餐並清理乾淨、整理床鋪、掃地（若需要的話）。由於我們兩人都結婚了，代表要盡自己的責任分擔家務；或至少，要努力過。我們會說，有一個與責任歸屬有關的嚴重問題，使我們有時會覺得自己所做的，遠比我們理應負擔的多。責任歸屬？是的，由於在傳統上、歷史上，家務事被認為是女人的工作，因此像我們這樣的男人，有時會因為必須參與這部分而默默感到委屈。但我們還是參與了；就像我們的祖父輩所說的，「事情就是這樣子。」但這類勞動大多是不必要的，因為我們並不真的需要那麼多乾淨的餐具，或剛剛撢過的地毯。然而，如果我們願意的話，也還是可以賦予這類勞動某種有趣的意義。我們試著將家務視為一種淨化儀式：一種潔淨的提升，且不只如此。在佛教禪宗中，打掃是一種冥想練習的機會。正如僧人松本紹圭所寫：「寺院裡的僧侶們花更多時間在打掃，而不是禪坐冥想。」[28]儘管我們大多數人，不太可能會從事這種禪宗式的雜務，但禪式清潔工作，的確可能符合梭羅的理想——包括參禪般地，把餐具塞進洗碗機裡。這不是妥協於瑣碎雜務，而是一種藝術性的挪用，一種提升：將單調沉悶的工作，轉化為藝術、歌曲、慶典，直到這類行動（無論是清潔布料，或是拖地），煥發出令人可喜的歡欣；直到這種歡欣，在工作過去很久之後猶然繚繞。這種轉化，是非常梭羅式的：它提升了每一小時、每一天，甚至是整個人生。當然，我們不是禪宗大師，但在美好的日子裡，我們會努力去嘗試，而梭羅或許會說，如此便足矣。

現在，我們面臨一個困境，一些讀者可能會質疑這個篇章，對手工勞動神聖性的讚頌太過溢美。確實，在某些情況下（無論是在個人獨特的或系統常見的情況下），手工勞動都可能是極其殘酷，而且沒什麼意義的。約翰的祖父厄爾，在一九五〇年代擁有一間車庫大小的「工廠」，專門為女用褲襪染色。他每天遭受化學灼傷、每天靠喝酒來緩解疼痛，最後，在五十六歲之年死於肝硬化。在梭羅的時代，鑄鐵工廠日夜運轉，體力勞動者往往等於是被活生生烤死（我們並不真的認為這是所謂的「機械化工作」，因為許多工人，是以劇烈且熟練的方式在使用他們的身體）。你抓到重點了，我們也是——非自願的勞動者，很難在手工勞動中體驗到意義，更別說是超越性的意義了。

還有另一個手工勞動的隱患也值得一提。讓我們再將話題，繞回約翰的母親貝琪身上。貝琪一直都知道、卻總是忽略掉一個事實：手工勞動會造成耗損。在炎炎夏日中，當她伸手進土壤深處工作時，她的雙手會長出濕疹，濕疹會一路蔓延至手臂，甚至占據她的臉頰。但她卻繼續從事園藝，年復一年。在一個特別酷熱的八月天，當時她六十歲，在庭院裡工作五小時後，她回到室內。那天早上她空腹，只喝了一杯咖啡就到外頭去了。她的工作一直都令她那麼投入、那麼忘我，或者說，那麼充滿意義

（我們無從確定是哪一個）。無論如何，進屋以後，她去沖了個熱水澡，讓水流洗去她一身顯眼的髒污。踏出浴室時，她暈倒在磁磚地板上——頭先著地、下巴骨折、視網膜剝離，這些傷勢，引發日後一連串的中風。時至今日，她已經七十多歲了，住在養老院裡，走路需要依靠助行器。她的兒子來探訪時，很難不想問出那個看似愚蠢的問題：「媽，你為什麼要自己親手做？」他並沒有問出口，因為答案已經出奇明顯。貝琪最嚮往的，依然是親手工作。

注解

1 Henry David Thoreau, Walden: A Fully Annotated Edition, ed. Jeffrey S. Cramer (New Haven, CT: Yale University Press, 2004), 1, emphasis added.

2 同上，130.

3 同上，150.

4 同上，88.

5 Robert D. Richardson, Henry Thoreau: A Life of the Mind (Berkeley: University of California Press, 1986), 87.

6 Elaine Fantham, introduction to *Georgics*, by Virgil, trans. Peter Fallon (Oxford: Oxford University Press, 2006), xxiii.

7 Virgil, *Georgics*, 2:176, trans. Fallon, 33.

8 Genesis 3:17.

9 Virgil, *Georgics*, 1:121–146, trans. Janet Lembke, Yale New Classics (New Haven, CT: Yale University Press, 2005), 7–8.

10 Virgil, *Georgics* 1:146, trans. Fallon, 10.

11 Richardson, *Henry Thoreau: A Life of the Mind*, 88.

12 Thoreau, *Walden: A Fully Annotated Edition*, 14.

13 同上，5.

14 同上。

15 同上，26.

16 同上，90.

17 美國勞工部童工、強迫勞動和人口販運部門、國際勞工事務局（ILAB），2020年童工及強迫勞動製品清單，2021。https://www.dol.gov/agencies/ilab/reports/child-labor/list-of-goods.

18 Thoreau, *Walden: A Fully Annotated Edition*, 64.

19 同上，198.

20 同上，44.

21 同上。

22 同上，110.

23 同上，152.

24 同上，87.

25 同上，241-242.

26 同上，49.

27 同上，3.

28 Shoukei Matsumoto, "Soji (打掃): A Meditation on Zen Cleaning," *Ignota* (blog), March 20, 2020, https://ignota.org/blogs/news/soji.

第四章

機器作業

許多人認為，手工勞動應當要逐漸被淘汰了，科技遲早（但希望是愈快愈好）會使其變得多餘。手工勞動將成為未來世代的某種嗜好，就像和朋友一起組裝宜家家具——一種好玩的消遣，而不是必做之事。機器將使我們擺脫工作、痛苦和困難。老實說，誰會想要再親手洗滌髒衣服，或用手打水或生火（即使是在懷舊的壁爐裡）？誰會真的**想要**親手對屍體做防腐處理、檢查下水道，或削馬鈴薯皮呢？

或許，所有這些苦工和麻煩都終有可能結束。請先想想下面的承諾，這承諾為梭羅的工作哲學設下了基礎：

「同胞們！我保證在十年內展示創造一個人間天堂的方法，在天堂中，無需勞動，無需付出，每個人都可以擁有人類生活中所需的一切，且取之不盡；在天堂中，大自然的整個面貌將成為最美麗的形態，人可以生活在最宏偉的宮殿中，享受一切能想像到的優雅奢華，以及最宜人的花園；在天堂中，人可以在一年內，無需費力地完成以往需要數千年才能完成的工作。山脈可夷為平地，山谷可成深塹，創造湖泊，排乾湖沼，並在陸地上縱橫交錯建造美麗的運河及道路，數千噸貨物亦可運輸，日行千里亦非難事；海洋上有漂浮的島嶼，這些島嶼有無盡

> 力量和速度朝任意方向移動，且安全無虞，舒適奢華皆具，花園及宮殿不乏，可容納成千上萬個家庭，可供飲用甘甜之水，可探索地球內部之奧祕，只需兩週即可跨行南北兩極；擁有前所未聞的方式，來增廣見聞，洞悉世界，增添智慧；持續過著幸福的生活，享受未知的樂趣；擺脫大部分煩擾人類的災厄，死亡雖不可免，但也有良方可延年益壽，最終令死亡不再那般痛苦。由此，人類將安居在一個全新世界，遠勝於今，並讓自己在生命的層次上大幅提升。」[1]

這難道不是一籮筐荒謬的胡扯嗎？天堂終要到臨——而且還是在十年之內。這個不切實際的承諾，來自約翰·阿道夫斯·埃茲勒（John Adolphus Etzler）。埃茲勒是一位從德國來到美國的移民，也是一名土木工程師、發明家兼作家。一八三三年，他出版了一本書名非常坦誠的書：《觸手可及的天堂，無需勞力，只靠自然和機器的力量：致所有智慧之人，共兩卷》（*The Paradise within the Reach of All Men, without Labor, by Powers of Nature and Machinery: An Address to All Intelligent Men, in Two Parts*），在其中描繪了這個天堂願景。正如技術史學家大衛·諾布爾（David F. Noble）所稱，「埃茲勒的伊甸園」，融合了社會主義、美國福音傳道和技術官僚政治的概念，形成一幅人間天堂的藍圖。[2]埃茲勒只需要一些流動資金、一點贊助，就能讓一切變得形同天堂。我們之中許多人，也都曾懷抱遠大夢想，尋找心有同感的資助者，但埃茲勒在這方面實在令人瞠目結舌。

和其他某些烏托邦主義者、懷抱夢想的探索者一樣，埃茲勒的故事，最終在南美洲的熱帶地區結束。在一八四〇年代，埃茲勒和他的追隨者，在南美熱帶地區建立了「埃茲勒式社區」，並藉由他於一八四四年出版的著作《移民熱帶世界，改善所有國家各階層人民的生活》（*Emigration to the Tropical World, for the Melioration of All Classes of People of All Nations*），來強化社區理念。這又是另一個直白的提案，詳細描述了他的願景：一個透過機器作業消除痛苦的世界。這個計劃最終徹底失敗。飢餓和疾病，奪走了數名追隨者的性命，衝突摩擦也讓倖存的追隨者分崩離析。埃茲勒眼睜睜看著自己的天堂消逝，故事就這麼畫下句點。他就此消失在歷史之中。[3]

然而，在此之前，埃茲勒啟發了亨利．大衛．梭羅——或者更恰當地說，是引發了梭羅的反彈。梭羅的導師及摯友愛默生，曾經送給梭羅一份禮物：埃茲勒的《觸手可及的天堂》。愛默生擔憂機器勞動的興起，會使手工勞動式微；且更重要的是，會使手工勞動者遭到淘汰。對此，梭羅也深感懷疑。對於技術解決方法，梭羅最具說服力（且也最具幽默感）的評論，出現在他的文論《復樂園》（*Paradise (To Be) Regained*）裡。梭羅譏諷了我們親愛的老埃茲勒，以及他那本關於天堂的書——此書在今日，很有可能會以《十年工作生活解決方案》這樣的書名出版。梭羅以開玩笑的口吻，大肆宣揚埃茲勒寫在書中的誇張號召。梭羅寫道：「我們別向大自然低頭。我們要讓雲雨俯首；我們要將有害氣體封藏，我們要探測地震，將其清除；排出危險氣體；我們要根除火山，去除火山的毒害，消滅火山之源。我們將洗滌水，加熱火，冷卻冰，支撐這個大地。我們要教鳥兒飛翔，教魚兒游泳，教反芻動物反芻。是時候了，我們該好好研究一下這些事情了。」[4]這是梭羅式嘲諷修辭的高峰。

對梭羅而言，埃茲勒的烏托邦理想完全是一派胡言。梭羅一再推論，即使我們可能已經生活在人類世（Anthropocene）之中，這卻並不表示自然最終會屈服於人類意志——更重要的是，讓自然去容受人類的侵害，也未必會是一件好事。「**人類世**」這個在二十一世紀流行的術語，指的是人類開始透過科技，從根本上形塑世界的時期；在人類世，機器、文化和自然再也無法被拆解開來。梭羅無法認可埃茲勒這種極度傲慢的未來計畫。埃茲勒對機器時代的承諾，充其量只是一個幻景，但梭羅認為，即使這種科技社會的安排真能實現，一個問題仍然存在：在充分而恰當地實現這一切之後，這些安排，對我們來說是會更好、還是更糟呢？

反對並公然取笑科技烏托邦，梭羅無異是迎風吐口水。當然，埃茲勒只是無數試圖透過現代科技，企及眾神之火的其中一人。數千年來，擺脫勞動生活的願景一直鼓舞（及困擾）著人類這個物種。「起初……」《創世紀》中寫道，我們生活在一個完美的花園裡，沒有鬧鐘、發票和最後期限。我們擁有一切。然而，自然而然地，我們因違反唯一一條契約，而搞砸了我們的舒適福利。不名譽的結果是：辛勤勞動成了我們的懲罰。

「地必為你的緣故受咒詛；
你必終身勞苦才能從地裡得吃的
地必給你長出荊棘和疾藜來，
你也要吃田間的菜蔬。
你必汗流滿面
才得糊口
直到你歸於土中。」[5]

有些日子，工作確實感覺像是神的詛咒。《創世紀》裡，這個有關工作源起的故事，也許是古代的所有工作憎惡敘事裡，最令人印象深刻的一個範例了。因此，如果「牛奶與蜂蜜」意指盡可能少親手勞動，那麼我們尋索（不只是夢想）天賜的食糧、或一片流淌奶與蜜的土地，也就不足為奇了。在中世紀神話中，我們找到一處「科凱因之地」（Land of Cockaigne），在那裡，「勞動」和「匱乏」都是無意義之詞。在科凱因，你睡得愈多，賺得愈多。如果你工作，就會被逮捕（誰執行逮捕並無明確說明，但或許，他們會因為工作而自行逮捕自己）。荷蘭中世紀文學研究者赫爾曼・普萊（Herman Pleij）描述了科凱因那豐足、但在道德和營養上令人質疑的飲食：「烤豬……背上插著刀四處晃蕩」[6]（便於切肉）；「房子的屋頂上鋪滿卡士達塔、圍籬是由香腸編織而成、烤鵝昂首闊步、烤乳鴿會自動飛進嘴裡。」[7]科凱因是中世紀農民的天堂。面對一片被嚴霜凍毀的麥田，中世紀農民或許會坐下來、嘆息，然後唱一曲科凱因之歌，來稍微沖淡陰鬱。

然而，隨著一八三〇年代工業革命興起，讓這首中世紀工人自欺欺人的歌曲，成為了某種現實。科技和機械化作業，似乎很快就要賦予人類真正的自由。然而，住處距洛厄爾工業城僅十五英里遠的梭羅，對事情的看法卻略有不同。好吧，是有**極大的**不同。在麻州大學洛厄爾分校的柯伯恩大廳裡有一幅壁畫，那是大蕭條時期由公共事業振興署聘雇的藝術家們所繪製的。這幅畫基本上說明了一切。這幅粉彩畫描繪了在工廠織布機前的女性（這大概是埃茲勒的某種願景），畫作下方有一行陰鬱的文字：「我整天站在織布機前；飛梭來來回回。」使用像鏟子或耙子這類工具，是技術的一種形式：你可以控制工具的去向與用途。然而，隨著工業革命誕生，大規模機器作業的出現，使一切都改變了。如今，技術決定了生產的方法和目標，控制了地理景觀及其力量，並奪取了梭羅最珍視的東西：人類的自由。

快轉到二十世紀。儘管梭羅對機器作業的不人道提出警告，但新一代人，仍受到相似於「科凱因之地」，這般機器進展之歌的誘惑。像〈巨石糖果山〉（Big Rock Candy Mountain）這樣的歌曲出現了：「也有威士忌和燉肉的小湖，你可以在大獨木舟上四處划行。」[8]那裡沒有辛勤勞動。「沒有短柄鏟子、沒有斧頭、鋸子或鋤頭。」[9]這首歌最精采的部分：巨大糖果山是「把發明工作的混蛋吊死的地方。」[10]身處大蕭條和黑色風暴（Dust Bowl）時期的工人們，就像那位中世紀老農民一樣，在飢荒之中，帶著一抹苦澀的笑，唱起〈巨石糖果山〉。

今日，「科凱因之地」和「巨石糖果山」在人工智慧、虛擬現實、量子電腦、奈米技術、生物技術和其他科學勞動成果的承諾下，重獲新生。我們的烤乳鴿將由無人機運送——或許直接飛進我們的嘴裡！我們的大獨木舟，將在地下室由3D列印製成。我們的免勞動生活夢想，已經數位化了。我們既想要又害怕的機器人，將減輕我們的負擔。此刻，有數百具屍體像冰棒一樣被冷凍起來；無論何時（如果可能），只要醫學科技戰勝死亡，它們都將起死回生。

這種對機器奇蹟的執著，出發點非常誠摯與莊重：我們希望在一個真正自由的日子裡醒來；我們希望終能擺脫必要之工作的羈絆。梭羅也渴望如此，卻心生惘惘的預感。他想得稍遠一點，好奇在「科凱因」成真的第二天，會發生什麼事；或者，我們在「巨大糖果山」的第二個月，又會是什麼情況。我們大啖烤乳鴿、在威士忌湖划著大獨木舟，然後呢？——然後，當然指的是在一場大規模的威士忌宿醉之後。這種自由究竟是為了什麼？這些假期和退休的意義又是什麼？你在天堂樂園裡，到底要做些什麼？想一想吧。在一封寫給朋友哈里森．格雷．奧蒂斯．布雷克（Harrison Gray Otis Blake）的信裡，梭羅寫道（正如你所記得的）：「光有勤奮是不夠的，這對螞蟻來說也是如此。我們得問：你在勤奮地做著什麼呢？」[11]這個問題，無疑也可以延伸至相反的情況：「光退休是不夠的，要看你退休後做什麼？」

梭羅不是盧德分子（Luddite）——事實上，盧德分子本身，也並非是現今普遍意義上的「盧德分子」；從前的盧德分子，其實是努力爭取更好勞動條件的辛勤工作者，並非完全反對技術這件事）。沒有證據顯示梭羅曾縱火炸工廠，或使火車脫軌，儘管他確實幻想過，要拿著鐵橇到博爾德大壩捍衛鰣魚（一種會洄游的魚）。「可憐的鰣魚啊！你的補償在哪裡？」他在《在康科德與梅里馬克河上一週》中哀嘆道：「既無利劍防身，又不能擊發電流，僅僅只是鰣魚啊，武裝的僅是天真和正義，那柔軟不可言語的嘴巴只知勇往直前，鱗片不堪一擊容易脫落。只有我和你同心，誰又知道如何能用一根鐵橇橇開博爾德大壩呢？」[12]

梭羅理解機器的益處。他發明過一種製作頂級鉛筆芯的機器；他搭乘過鐵路列車——有時，是為了陪同逃亡的奴隸，前往北方尋求更安全的自由。然而，梭羅仍質疑我們對科技的信心。首要的質疑是，梭羅時代的工作生活，就像我們現在的時代一樣，往往被迫順應機器程序，而不是有機程序。機器作業，意指過著像機器一般的生活。機器不需要休息，不需要閒暇時光，不需要工作之外的生活。機器是理想的工人，所有人類工作者，都無法達到它那種完美的生產力。當我們將機器理想化時，我們往往是以工人的去人性化為代價。梭羅抱怨道，勞動者「沒時間做別的，除了成為一架機器」。[13]這麼一來，勞動者沒有時間、沒有精力，也沒有力量去反思更高的目標，並且有意義地朝這些目標行動。

在批評埃茲勒的書時，梭羅這麼寫道：「去年夏天，我在一座山邊，看見一戶農家，正讓一隻狗在平行輪上走著，辛苦地帶動機器攪拌牛奶以便製作奶油。狗雙眼疼痛、咳得令人揪心，但還是一副很拘謹的神情。而農家的麵包終於有了奶油。」[14]這項發明（希望只是虛構的）成為一個隱喻，說明許多的創新是如何帶來衰竭。是的，你的麵包不需任何人為的努力，就能抹上奶油。恭喜你！雖然機器的核心，是一隻飽受折磨的狗。

這帶我們回到自身處境。自梭羅和埃茲勒的時代以來，科技飛速進步。那些埃茲勒難以想像的工具，如今僅僅只是我們忙碌生活中，無味的調料罷了。這些改進，對你來說足夠了嗎？你覺得自己或你所愛之人，有活得比梭羅更接近天堂嗎？我們認為大多數人並沒有，儘管，我們希望自己是錯的。

現在你們之中，有些人可能會想著，「好吧，那麼，我應該要捐出我的智慧型手機，退還我的智慧型電視，或賣掉我的智慧型冰箱嗎？這聽起來不太有智慧。」其他人可能會連上谷歌，搜尋阿米希人生活方式（Amish lifestyle）的圖片。「梭羅留著山羊鬍，看起來有點像堅持簡樸生活的阿米希人。」你可能邊這麼想著，邊用紅線串起這些連結。好吧，再仔細想一想阿米希人，也許是有意義的。說真的，像梭羅這樣的哲學家，總是鼓勵我們勇於重新思考，嘗試激進的觀點，並帶著開放的心，聆聽那些我們認為「顯然是錯誤的」或「過於異乎尋常」的事。

就像許多團體名稱一樣，如衛理公會、印象派和女權之聲（suffragette），「阿米希人」這個標籤，最初是對這個宗教社群的貶義詞，但後來，演變成一個中立的，或幾乎中立的標籤。這些傳統主義的基督教派社群，有時會稱自己為「簡樸的人」。對於一個致力於保持簡樸穿著、房屋和工作的社群來說，這是一個恰當的稱呼。在歷史上，很難找到任何像阿米希人這樣的群體，能保持如此長久的延續性，且自覺地恪守梭羅的座右銘：「簡單、再更簡單。」

但就像任何群體一樣，阿米希人之中也存在著很多的差異。將舊教派阿米希人、比奇派阿米希人，和新教派阿米希人連結在一起的，是一種有紀律的生活實踐。這樣的實踐是由聖經，以及在他們的認知中，人人的心中聖靈那未經雕琢的作品來指引。臣服於更高的權威，或稱之為「平靜的服從」（Gelassenheit）原則，指的是讓上帝，為我們決定生命的走向。天意自有安排。詩篇四十六第十節寫道：「你們要休息，要知道我是上帝！」那種寧靜、安穩和信任，體現在阿米希人對於和平主義、謙遜，當然還有工作的信念中。工作，是為了家庭和社群的福祉。這種對工作目的的明確立場，同樣也是他們看待科技的立場。

有些阿米希社群，允許成員使用電話，但絕不能設置在家裡。阿米希人一般會將電話，設置在一個相對方便的公共空間；電話鈴聲，不應打擾家庭生活的寧靜——在理想情況下，對話應該面對面進行。我們最近收到一封電子郵件，來自一位名叫喬許的哲學家，信末有一段附言，精確地捕捉到無臉、無聲、無實體的對話問題：「我覺得有義務，也必須承認，文字並不總能傳達我們想要表達的意思。我希望我的語氣，沒有傳遞出任何不敬、無禮、冷漠或不在乎的感覺。若有的話，我深感抱歉。我所接受的分析哲學訓練，在這方面並沒有幫上什麼忙。」

在某種程度上，喬許意識到梭羅式（及阿米希式）的深刻見解——真誠的溝通極其脆弱，而我們科技先進的「連結」方式，常常使我們脫離現實，也使彼此脫節。科技使我們遠離他人。想一想超市的自助結帳櫃檯，或小盤子在輸送帶上團團轉的迴轉壽司店，所有這些，都省去與服務人員打交道的煩人社交壓力。或者想一想，一家人坐下來吃晚餐時，各自無語地滑著手機上的社群媒體，僅僅像是敷衍般地聚在一起。這正是麻省理工學院科技社會學家雪莉·特克的《在一起孤獨》一書裡提到的，科技上的失聯。我們愈來愈在一起孤獨。**我不需要你**變成了**你不需要我**。沒有人需要任何人。早在一個半世紀以前，梭羅就曾說過：「我們急於在緬因州和德州之間修建一條電磁式電報線；但從緬因州到德州之間，也許並沒有什麼重要的資訊要交流……彷彿主要的目標不是講得明白，而是要講得快。」[15]快速溝通，很少是有意義的交流。就某種意義而言，沒錯，今日我們與他人的聯繫愈來愈多，但就另一種意義而言，這或許只是一團空洞的連結。

失去連結對我們有什麼影響？約翰．海利在他深度探索憂鬱症的著作《照亮憂鬱黑洞的一束光》中指出，失去連結會造成嚴重的傷害。「你不是一台零件損壞的機器，」他寫道，「你是一隻需求未被滿足的動物。你需要有一個社群。你需要有意義的價值觀，而不是那些你被灌輸了一輩子的垃圾價值觀，告訴你幸福快樂來自金錢和購物。你需要有意義的工作。你需要自然的世界。你需要感覺自己受到尊重。你需要一個有保障的未來。你需要與所有這些事物建立連繫。」[16]

那麼，阿米希人比我們快樂嗎？老實說，我們不知道。但我們猜想梭羅在《湖濱散記》中的見解，十分接近這個答案：「我們的發明往往不過是漂亮的玩具，因此分散了我們對嚴肅事物的注意力。它們僅是被改進的方法，卻為了未經改善的目的而服務。」[17]有了這些分心的事物，我們有變得更好嗎？一位線上評論家，在評估群體的幸福感、或持續的滿足感時這麼說：「這個領域充滿了相互矛盾的數據，變來變去的方法，（以及）無法參考的調查報告。」[18]要確定一個群體的生活滿意度，是一項複雜的社會學研究。這項研究，也無法避免所謂「再現性危機」（replication crisis）的影響；這種危機，破壞了過去許多社會科學領域的研究成果。自然，阿米希人也有他們自己的問題。有些問題，甚至非常嚴重（像是未治療的蛀牙，以及由阿米希人經營的、數量驚人的幼犬養殖場），但他們的社群生活，讓我們停下來思考，且有機會重新審視《湖濱散記》的智慧。

梭羅會讚揚阿米希人的簡樸生活。梭羅既不是和平主義者，也不是基督徒——還必須說，他對動物並不殘忍。但他很可能會更認同阿米希社群，並且反對我們現代的社會形式（以及我們普遍存在的殘酷行為。例如，工廠化養殖：一個完全由機器操控、充滿痛苦和暴力的系統）。梭羅是在對我們說話，而不是對阿米希人。正如耶穌對法利賽人說的：「健康的人不需要醫生，有病的人才需要。」[19]

我知道這可能很不中聽，但作為一個現代人，若論及對機械化作業的看法時，我們可能非常、非常病態。一八六二年，梭羅去世的那一年，理察・喬丹・格林（Richard Jordan Gatling）研製出一款格林機槍。那是一款手動機槍，首度解決了可靠性、裝彈、效能及快速射擊的問題。格林解決了這個技術問題，也因此，造就了美國內戰以及此後每一次重大武裝衝突中的大規模災難性傷亡。梭羅不是反戰分子，但他觀察到軍事事務的革新有其嚴重弊病——先進技術的整合，讓殺戮與破壞更具威力。在《湖濱散記》中，當他擔憂現代科技發明，是「被改進的方法，卻為了未經改善的目的而服務」時，他直接說出的，正是格林所創造的局勢。換句話說，某些科技發展的出現，可以造就某些工作的形態，像是士兵的工作；但也因為其中全然的便利性，使我們得以迴避這樣一項艱難的任務——思考執行某項任務是對的嗎？在使用格林機槍時，一名士兵毋須思考，只要專注殺死更多敵人，贏得每一場戰役，贏得整個戰爭。論證完畢。但當某些技術形式一旦被發明，那就像打開潘朵拉的盒子一樣，想要對它們設下合理、道德的與人道的限制，就變得極其困難。

或許你認為這個例子已經過時了，因為我們已經克服了機械化作業的這一特殊問題。我們很遺憾這麼說：關於這件事，你可能是錯的。二〇一九年，美國國防部在無人機和相關技術上，花費了大約九十億美元，這筆錢，足以購買四十億本二手《湖濱散記》。[20]沒錯，許多無人機並沒有武裝，然而，武裝無人機的數量，還是多到必會引起梭羅的擔憂——他會擔憂科技驅動的戰爭，所造成的道德危害；他會擔憂這些經過極度改良的工具，只是為了達成道德上極度可疑的目的。我們有理由猜想，梭羅對自主無人機或全自動技術的控訴內容，主要會是它們缺乏道德自主性；而道德自主性，正是一個可以承擔責任的獨特機制。

機械的可怕殺傷力，是一個問題，科技所造成的更為平庸的日常耗損，則是另一個問題。一具無臉亦無關道德的機器，以沒完沒了的自動語音電話、垃圾郵件、演算法優化廣告、無腦的「客戶服務」聊天機器人、自動收費、私人紀錄採集等形式，向我們襲捲而來。與這具無所不在的機器打交道，已經成為我們從事大部分工作、處理日常生活其他許多事務時的必備技能。若可以的話，請計算一下所有的方便與不便吧。加一分：兩天內配送到貨。扣一分：線上身分盜竊。加一分：與朋友和家人即時通訊。扣一分：網路性誘拐犯如今可以即時、直接且私下接觸到兒童。如果我們對自己誠實，我們會承認這樣一個顯而易見的事實：我們不確定，最終比數會是淨正向，還是淨負向。再者，我們也不確定這一切會走向何方。已有不少人像牛津大學科技哲學教授尼克・伯斯特隆姆（Nick Bostrom）一樣提出警告：未來，我們將遭逢嚴重的生存危機，特別是來自人工智慧的威脅。[21]人間天堂有變糟的傾向。

當然，「科技」是一個過於廣泛的範疇，簡單的贊成或反對，看來都有欠嚴謹。一般而言，科技只是一種工具，我們在猶有許多不確定、甚至是存心不確定的情況下，就開始使用它。面對生活中，科技導致的種種複雜問題時，許多人已經感到絕望，也已經放棄了對未來的責任。有些人則逃至荒野，藉此遺忘這個世界。我們甚至未雨綢繆末日的到來，囤積大量的冷凍乾燥蔬菜義大利麵，衷心絕望地想著：「如果世界真的要毀滅，那就毀滅吧。」然而，梭羅感受到的卻截然不同：「荒野是世界的保留地。」[22]他並沒有撒手不管這個世界，而是期待世界的留存。即便埃茲勒的一切理想過於樂觀，至少，他追求的是一個更好的世界，並為此做出犧牲，而不是躺在雪地上等死。這裡的解決辦法並不是默從，而是為了我們所追求的目標，重新承擔起我們的責任。

梭羅認為，埃茲勒作品的「主要錯誤」，在於它的目標，僅僅是舒適和快樂的最大化。就梭羅的理解，這種科技烏托邦主義者的「未經改善的目的」，只是一種平庸、且同類相濡以沫的快感（而且，或許還充滿一種統御他人的快感）。這種快感，也可以說是一種沒有提升意義的快感。梭羅並不否認，透過科技手段所實現的天堂，嚴格說來，確實會給人天堂般的生活——當然了，如果我們實現了烏托邦，果真實現了它，我們必然也會擁有**烏托邦般**的生活。但這是某種毫無意義的許諾，更像是語言的字句、音節或聲律自身的重複。「毫無疑問，」梭羅承認：「自然界的簡單力量，如果人們加以適當利用，即可使世界健康，使世界成為樂園。」[23]但是，這裡的關鍵字是「適當利用」。我們該如何**適當**利用自然呢？

我們應該對這些烏托邦方程式展開提問，正如物理科學家史蒂芬·霍金對科學方程式所問的：「是什麼賦予這些方程式生命，並創造了一個可供它們描述的宇宙？」[24]對於活塞、電燈泡、特斯拉線圈、太陽能板、無人機、微波爐和智慧型手機，我們安排復安排，但究竟是什麼賦予這些安排美好的特質呢？是什麼讓這一切變得值得？為什麼必須為此努力？

對梭羅而言，賦予烏托邦主義者理想的，是愛。「愛是風，是潮，是浪，是陽光。它的能量無法估算；可抵馬力若干。它永不停歇，從不懈怠；毋須支點即可轉動地球；毋須火焰即可帶來溫暖；毋須肉食即可提供溫飽，毋須衣物即可覆蓋蔽體；毋須屋頂即可擋風遮雨；愛會成就我們內心的天堂，有了這片內心的天堂，外在的天堂我們大可捨棄。」[25]有了愛，便有天堂；少了愛，便無天堂。愛是「所有成功社會機械的動力。」[26]愛是所有烏托邦的先決條件。「天使所經之地，處處都是天堂，而撒旦所行之處，各地皆為焦熱的灰燼與煤渣。」[27]這段對愛的頌讚，聽起來，或許就如埃茲勒對科技的讚揚一樣異想天開，但梭羅這麼想是對的：我們有限的精力，可能會被像埃茲勒這樣的理想所誤導，進而偏離我們每日一起從事的、更切實的工作。

沒錯，我們或許可以在技術上逐漸提升自己，超越太陽系，勇敢地踏上任何物種未曾涉足之地，但我們不應忘記心靈工作，它賦予我們勞動價值，也讓我們今日的生活，不僅僅只是一份通往未來輝煌世代的基礎。實際上，我們在這個重要領域裡，努力猶然不足。「正如機械尚未被大量廣泛地使用，尚未使物質世界中人們的理想得以實現，因此，愛的力量也仍只是貧乏而少量地使用，偶爾發揮所長。因愛而生的，不過是救濟所、醫院、聖經公會等機構，而帶著無限能量的愛之風還在吹著，也不時地拂過這些機構。」[28]在機器能夠以愛為指引，做出道德努力之前，在人工智慧，具備真正的道德智慧和豐富情感之前，我們必須繼續我們內在的進步。這是更艱難的進步。因此，無論你可能聽過什麼，愛其實是相當務實的。梭羅擔憂我們在愛的工作坊裡太過懶散，「積聚愛的力量，讓它在將來某一時刻以更大的能量發揮作用，這方面我們做得太少了。於是，難道我們不應該為這項事業，獻上自己的綿薄之力嗎？」[29]

另一位美國哲學家威廉・詹姆斯（William James），在梭羅去世半個世紀後，才開始寫作。他的演講「實用主義與常識」（Pragmatism and Common Sense），闡述了我們的基本問題。為了使人更深刻記憶他的觀點，詹姆斯用了一個惡夢般的隱喻，正如你將看到的，這段話值得詳實引用。

> 伽利略給了我們精確的鐘錶與火炮射擊技術；化學家給了我們新藥劑與新染料；安培和法拉第，給了我們紐約地鐵與馬克尼電報……科學思維模式，新近交在我們手中的對於大自然之實踐上的控制範圍，已經遠遠地超過了以常識為基礎之舊有的控制範圍。範圍擴大的速度增加得如此之快，沒有人能預測出它的極限。人們甚至害怕人的**存在**，可能會被自身的力量所破壞。他作為一個有機體的

固定本性，也許不足以承受不斷增加的巨大任務的壓力。那是他的才智，漸漸地使他能夠掌握的任務，幾乎是一種神聖的創造性任務。他卻可能淹死在他的財富裡，正如一個在浴缸裡的孩子一樣：這個孩子打開了水龍頭，卻不知道怎麼關閉它。[30]

這個警鐘，已經響得不能再更大聲了。如果浴缸裡的水滿得太快，那麼，無論是伊甸園、科凱因之地，還是巨大糖果山，所有這些在自由玩耍和空閒時間裡，我們的孩子氣的幻想，都可能隨我們一同滅絕。正如詹姆斯的比喻所暗示的，也正如梭羅所叮囑我們的——我們需要快點成長（最重要的，是在愛裡頭成長）；我們需要儘快做到。

注解

1 Etzler excerpt quoted in Henry David Thoreau, "Paradise (To Be) Regained," in Essays: A Fully Annotated Edition, ed. Jeffrey S. Cramer (New Haven, CT: Yale University Press, 2013), 64–65.

2 David F. Noble, The Religion of Technology: The Divinity of Man and the Spirit of Invention (London: Penguin Books, 1999), 91.

3 For an account of Etzler's life and mission, see Steven Stoll, The Great Delusion: A Mad Inventor, Death in the Tropics, and the Utopian Origins of Economic Growth (New York: Hill and Wang, 2008).

4 Thoreau, "Paradise (To Be) Regained," 66–67.

5 Genesis 3:17–19.

6 Herman Pleij, Dreaming of Cockaigne: Medieval Fantasies of the Perfect Life, trans. Diane Webb (New York: Columbia University Press, 2003), 90.

7 同上，86.

8 Harry McClintock, "Big Rock Candy Mountain," in On the Fly! Hobo Literature and Songs, 1879–1941, ed. Iain McIntyre (Oakland, CA: PM Press, 2018), 102.

9 同上。

10 同上。

11 Henry David Thoreau to Harrison Gray Otis Blake, November 16, 1857, in Great Short Works of Henry David Thoreau, ed. Wendell Glick (New York: Harper & Row, 1982), 100.

12 Henry David Thoreau, A Week on the Concord and Merrimack Rivers, in A Week on the Concord and Merrimack Rivers; Walden; or, Life in the Woods; The Maine Woods; Cape Cod, ed. Robert F. Sayre,

The Library of America (New York: The Library of America, 1985), 31

13 Henry David Thoreau, Walden: A Fully Annotated Edition, ed. Jeffrey S. Cramer (New Haven, CT: Yale University Press, 2004), 5.

14 Thoreau,"Paradise (To Be) Regained,"68.

15 Thoreau, *Walden: A Fully Annotated Edition*, 50.

16 Johann Hari, Lost Connections: Uncovering the Real Causes of Depression——and the Unexpected Solutions (New York: Bloomsbury, 2018), 256.

17 Thoreau, *Walden: A Fully Annotated Edition*, 50.

18 Scott Alexander, "Are the Amish Unhappy?," *Slate Star Codex*, April 2, 2018, https://slatestarcodex.com/2018/04/02/are-the-amish-unhappy-super-happy-just-meh/.

19 馬可福音2:17.

20 Dan Gettinger, "Study: Drones in the FY 2019 Defense Budget,"*The Center for the Study of the Drone* (blog), April 9, 2018, https://dronecenter.bard.edu/drones-in-the-fy19-defense-budget/.

21 See Nick Bostrom, Superintelligence: Paths, Dangers, Strategies (Oxford: Oxford University Press, 2014).

22 Henry David Thoreau, "Walking," in *Essays: A Fully Annotated Edition*, 260.

23 Thoreau, "Paradise (To Be) Regained," 66.

24 Stephen Hawking, *A Brief History of Time: From the Big Bang to Black Holes* (New York: Bantam

Books, 1988), 174.

25 Thoreau, "Paradise (To Be) Regained," 94.

26 同上。

27 同上，93.

28 同上，94.

29 同上。

30 William James, "Pragmatism and Common Sense," *in Pragmatism: A New Name for Some Old Ways of Thinking* (Indianapolis: Hackett, 1981), 85.

第五章

有趣的事

理想情況下，工作日應該要穿插休息時間，這種宛如綠洲般的個人時間，總是乾涸得太快。從我們上一章的「機器作業」，進入到下一章的「有意義的工作」之間，是一個艱難的過渡，因此，我們認為在這裡休息一下或許滿合適的——一個插曲般的中場休息；也藉機探討梭羅在工作上更開朗、更傻氣的一面。

有時候，當工作處於最糟糕的情況時（最為嚴苛、格格不入或分身乏術之時），我們需要黑色幽默來坦誠面對周遭的人，並打破所有有毒的正能量、刻板的專業精神，以及人類這種動物在奇怪且艱難的工作情況下的裝模作樣。梭羅絕對是位幽默大師。即使在接近生命尾聲，在他與終生相伴的肺結核做最後一次搏鬥時，當他那位信奉喀爾文教派的路易莎姑媽，問他是否已經跟上帝言歸於好時，梭羅開玩笑地說：「我都不知道我們有吵過架。」[1]

當我們在工作中，時間會流逝，這是必然。但梭羅會想要充分利用時間，即便只是偷得片刻，笑看這一切的荒謬。倘若時間不免將殺死我們，至少，我們也可以用幽默的方式來殺時間。這是我們的經驗談。我們其中一人曾在零售業工作多年，在那些漫長的客服日子裡，學會欣賞（或更確切地說，學會超譯）德國悲觀主義者阿圖爾・叔本華（Arthur Schopenhauer）的智慧：「世上有兩種人，請兩種都避開。」有關工作的玩笑，有些很遜，有些很黑暗，但都能讓時間過得快一點。「如果你需要我，請先猶豫再找我。」「我在這間公司工作多久了？打從他們威脅要炒掉我開始。」在繁重的工作中，低級的幽默也派得上用場：「老闆賺一塊，我賺一毛。這就是為什麼我都在上班時間拉屎。」要是你以為梭羅不會耍低級幽默，那你就錯了。

梭羅愛搗蛋、愛開玩笑，也愛耍雙關語，幾乎就是個馬克·吐溫，只是行文有如撒哈拉沙漠一樣枯燥。因此，梭羅的輕浮或甚至是輕率，常常就被忽略了。梭羅是瓦爾登湖畔的帕克（Puck）——莎士比亞在《仲夏夜之夢》裡形容，帕克是個「精明又狡詐的」的自然界小精靈。在《湖濱散記》出版期間，梭羅列舉出自己的缺點，其中包括「有時不認真」和「玩文字遊戲搞笑，並未總是維持簡潔、直接和寬容。」[2]我們或許能在《湖濱散記》第一章中，找到梭羅「搞笑」的最好例子之一。「我幫紅越橘、沙櫻桃、蕁麻樹、赤松、黑梣樹、白葡萄藤和黃紫羅蘭澆水，否則旱季時，這些植物早就枯萎了。」[3]這麼看來，梭羅是幫整座康科德森林都「澆水」了。在各種意義上，這都是喜劇式的調劑。

梭羅有充分的理由，去尋找一種嚴肅的自嘲。讓我們重溫一下這些理由（有些我們已經討論過了）。從年少時代到四十四歲英年早逝為止，梭羅一直飽受肺結核所苦。三十三歲時，他所有牙齒都掉光了，因此，他有幸裝上十九世紀的假牙。二十六歲時，梭羅不小心引發一場大火，燒毀了三百英畝的森林——康科德鎮的居民絕對不會遺忘這場事故，也絕對不會讓梭羅忘記。二十四歲時，梭羅失去了他的哥哥約翰，他死於破傷風。一八三七年，二十歲的梭羅從哈佛畢業；然而同一年，發生了「一八三七年大恐慌」（也就是之前提到的經濟大蕭條），讓剛畢業的他，幾乎無法找到理想的工作。

我們以逆向時序回推，呈現梭羅生命中的低谷，強調他一生中，如洋蔥般一層層堆疊的不幸——每剝開引人流淚的上一層，下面，又是另一層的引人流淚。然而，在淚水之中，有時也能找到笑聲。哭著大笑看起來有點瘋狂（有時確實如此），但有些時候，我們的確需要扯開理智的鉸鏈，來宣洩出內在的真實。如果不能在工作時哭著大笑，或只是大哭一場，我們至少可以保持幽默感，因為幽默可以稍微鬆動事理，讓我們在精神上得到一點喘息。笑話打破常規，允許本來不被允許的，並以全新爆發的不恰當，使我們輕鬆面對陰暗與痛苦。

本著這種精神，我們的朋友康納描述了他在加州皮諾爾市一家社區電視台工作時的經歷。他的工作是記錄城市活動，例如足球比賽、遊行和市議會會議。其中，以市議會會議最為枯燥、沉悶。「因為會議時間有夠長，實在很難集中注意力。」康納回憶說：「導播幫忙大家的方法之一，就是透過耳機，講一些關於與會成員的低級笑話。遊戲規則是不可以笑出來，這很難！」康納認識到這個遊戲，在道德上的微妙之處：「雖然這似乎有點缺德，但確實幫助我們完成工作，拍攝應該拍攝到的人。如果我們打瞌睡或覺得無聊，很可能就漏拍了某人的重要時刻，那就像無意中查禁了某人一樣，是會惹上麻煩的。」

有時黑色笑話是必要的，雖然當我們冒著風險，將這些玩笑偷偷說給比較信任的同事聽時，可能會違反我們的專業行為守則。在所有的悖論裡，黑色笑話或許是最重要的；它是我們不快樂的快樂。這可能是因為在人類生存史中，黑色笑話一如希望，對人的生存同樣功不可沒——或者，即便沒有同等功勳，也應受到更顯著的表彰（相對於目前得到的讚揚而言）。一個好的黑色笑話，在緊急情況下很有用。這類笑話在戰場、坍塌的礦坑、醫院等等地點廣為流傳。它們的應急價值，讓黑色笑話成為我們的密室傳統中，或許是最普遍的一種，每時每刻，都有成千上萬的實習生推門加入。

無論這人是即將被處決、快餓死，或在海上漂流，我們都能想像，他可能正要脫口說出一則黑色笑話。在那些境遇裡，希望似乎顯得不合時宜，甚至並不人道。然而，對黑色笑話的高度「黑色」精神而言，卻不是如此。黑色笑話，往往是開啟更深刻、更真誠關係的關鍵門鑰——與他人的關係；與我們自己，和我們自己的痛苦的關係；與我們生活中，那些陰暗而莫名之內心衝突的關係。這把我們又帶回到「打卡」這個主題，回到控制我們工作生活的機器計時器。

當然，說黑色笑話時，需要留意其中的道德界線，但我們也不應因為某些濫用情況，而譴責這種笑話的類型。雖然，本書兩位作者其實都不擔心這個類型的未來：人們的譴責，促使黑色笑話昇華。你用紅筆在黑色笑話上打叉，只會讓黑色顯得更黑。當黑色笑話變得更黑，它就更肆無忌憚地宣洩；當它更宣洩，人們就更需要它。「黑色笑話」（Dark joke）這個詞，帶有尖銳的子音，那些有如毒牙的K音，就像「寵物眼鏡蛇」。它是一種致命的好物，是生命對生命分泌的一絲毒液，為了強化生命自身的免疫力。

梭羅懂得什麼是黑色幽默。他的最後一本書《科德角》（*Cape Cod*），在他去世三年後出版，內容幾乎全黑。這本書的誕生過程與梭羅其他著作相似，是將日記中的紀錄，轉化為康科德學術講堂（Concord Lyceum）的一系列講座。正如他的講座內容後來成為《湖濱散記》一樣，梭羅的「科德角」系列講座也獲得迴響，如愛默生所描述的，觀眾們「笑到流淚」。[4]

《科德角》的開篇，有一個神諭般的標題：〈海難〉。梭羅以一種不露聲色且極具黑色幽默的方式，開啟了他的遊記：「一八四九年十月九日，星期二，我們離開了麻薩諸塞州的康科德。在抵達波士頓的時候，我們得知本應在前一天就到達的『普羅溫斯頓』輪船，由於突遇風暴至今尚未抵港，而且我們在街上看到了一張傳單，標題印著『死亡！一百四十五人在科哈西特遇難』，於是我們決定取道科哈西特。」[5]

一百四十五人在科哈西特遇難？那我們就去那裡吧。梭羅病態的幽默，挑起了我們病態的好奇心，而他深知這一點。他轉而在遊記中，記述一群被沖上岸、被海藻纏繞和「充滿泥沙」的屍體。[6]這確實很可怕，除了悲痛，別無他法。梭羅並沒有嘲笑這些受害者，也沒有嘲笑前來認領親人屍體的家屬，而是嘲笑我們這些旁觀者——嘲笑那些以肥皂劇情緒接收這類事件新聞，但事實上，內心卻全無一點悲傷的人們。我們對一百四十五名死難者的「深切悲痛」，只會持續一小時或者一天；接著，我們又在下一場悲劇裡獵奇。我們獻上我們的「思念與祈禱」，然後繼續快樂地過活。梭羅迫使我們，嘲笑自己在面對死亡時的社會偽裝，因為嘲笑，可能是我們唯一能夠對自己誠實的方式。

在《科德角》中，梭羅利用黑色幽默，剖析了美國歷史的根源：關於充滿美德的清教徒朝聖先輩們，建立「山嶺之城」的這段美國起源故事。梭羅與他的旅行夥伴錢寧在風雨中的伊斯特姆海灘漫步時，在「雨傘下」[7]反思這個朝聖者敘事。伊斯特姆，是科德角「前臂」[8]上的一個小鎮——梭羅寫道，「科德角是麻薩諸塞州一只彎曲而裸露的手臂，以拳頭抵擋東北颳來的風暴。」[9]這兩位好友，都閱讀了以諾·普拉特牧師（Enoch Pratt）在一八四四年出版的《伊斯特姆、韋爾夫利特和奧爾良的綜合歷史、教會與市政》（*Comprehensive History, Ecclesiastical and Civil, of Eastham, Wellfleet and Orleans*）。在《科德角》中，梭羅引用了普拉特的書，總結了他們兩人從中學到的一個教訓：

> 當普利茅斯的委員會買下印第安人在伊斯特姆的這塊領地時，曾問道：「誰曾提出擁有比林斯蓋特的所有權？」比林斯蓋特，就是指他們所買的那塊地北面的海岬。答案是：「它不屬於任何人。」委員說：「那麼，這塊地就屬於我們了。」印第安人回答說：「那就這樣吧。」這樣的要求和認可真是具有紀念意義。由此可見，清教徒早期移民，認為自己有權做「無主之地」的代表。或許這

開創了以溫和的方式為一塊未被占領的土地「發言」的先例，或者，至少可以說這種方式沒有得到應有的改進，而且他們的後代時至今日，仍在廣泛使用。看來在美國人之前，還沒有任何人成為過整個美洲大陸的唯一擁有者。不過歷史記載，當清教徒在占有比林斯蓋特的土地多年後，最後「冒出一位自稱安東尼中尉的印第安人」，他聲稱這片土地屬於他，於是清教徒又向他購買了這片土地。誰知道有朝一日會不會有另外一個安東尼中尉，來敲白宮的大門呢？無論如何，我知道，如果你以不正當的手段占據了某樣東西，最終一定會付出代價。[10]

梭羅嘲諷了美國的機會主義、所有骯髒的土地掠奪、將荒野私有化，以及對土地和人民的馴服。他描述那段貪婪的歷史最終崩塌了，安東尼中尉漫步到白宮，揭開整個美國企業的真相。這是一個撕裂美國故事核心的笑話。但請記住：梭羅在學術講堂的觀眾們「笑到流淚」。

幽默可以緩解認知所帶來的痛苦。這種痛苦，或者可能觸發人移開視線的本能；或者可能更糟：使人用任性的憤怒來自我治療，但只能治療痛苦的症狀，而不是痛苦的根本情況。黑色笑話可以幫助我們直面黑暗的真實。《科德角》最後兩段話，道出我們需要風雨、霜雪和黑暗，來幫助我們的療癒：「當秋天或冬天的暴風雨降臨，就是造訪〔科德角〕的好時機。燈塔或漁夫小屋，才是真正的旅館，一個人可以站在那裡，把整個美國都拋諸腦後。」[11]當然，最後一句話是個地理雙關語。這麼想吧：梭羅用一個雙關語、一個笑點，作為他所寫過，最黑暗之書的結尾。

結尾，無論是書本的、工作的或是人生的，都可以是有趣的。即便是那些無意搞笑的結尾，也可能如此。《湖濱散記》的最後一段寫道：「我並不是說約翰和強納森這種普通人會明白這一切；然而，這就是明日的特徵——並不僅因時間的流逝，就能促成黎明的到來。擾亂視覺的光，對我們來說是黑暗的。只有我們醒過來之際，才會迎來黎明。還有更多的黎明即將到來，太陽不過是一顆晨星。」[12]這個結尾本身並不好笑，但我們（作者本人）覺得很幽默，因為《湖濱散記》結尾處所提到的這兩個名字，恰好就是我們的名字：約翰（卡格），和強納森（范・貝爾）。我們實在太喜歡了，喜歡到將它作為本書的引言。但顯然，並且令人遺憾的是，梭羅在此指的並不是我們。梭羅指的是約翰牛（John Bull），和強納森兄弟（Brother Jonathan），分別是英國和美國的擬人化稱呼。不過，看到這兩個名字的組合時，還是很難不認為：這是為我們兩人量身訂做的、客製化的評言。

更重要的是，梭羅溫和地指出，無論是約翰還是強納森，都不會「明白這一切」。我們衷心同意。我們只是兩個普通人，都有自己要面對的無數問題、債務、最後期限、心理障礙和工作上的煩惱。我們會有覺醒之時嗎？大多時候，沒有。然而，梭羅作品中的熱情，可以跟馬克．吐溫、安布羅斯．比爾斯（Ambrose Bierce）和馮內果相媲美，幫助我們每一天多醒來一點點。小說家兼評論者傑伊．麥金納尼（Jay McInerney）對馮內果的評論同樣適用於梭羅：「他擅於嘲諷，卻有一顆慈悲的心；他注重道德，卻一屁股坐在放屁坐墊上。」[13] 如果梭羅是黑暗，他同樣也是光明。

注解

1 Edward Waldo Emerson, *Henry David Thoreau as Remembered by a Young Friend* (Boston: Houghton Mifflin, 1917), 117–118.

2 Henry David Thoreau, n.d., in *The Journal of Henry D. Thoreau*, ed. Bradford Torrey and Francis H. Allen (Boston: Houghton Mifflin, 1949), 7:7–8.

3 Henry David Thoreau, *Walden: A Fully Annotated Edition*, ed. Jeffrey S. Cramer (New Haven, CT: Yale University Press, 2004), 17.

4 Ralph Waldo Emerson to Henry David Thoreau, n.d., in *The Letters of Ralph Waldo Emerson*, ed. Ralph L. Rusk (New York: Columbia University Press, 1939), 4:178.

5 Henry David Thoreau, *Cape Cod, in A Week on the Concord and Merrimack Rivers; Walden; or, Life in the Woods; The Maine Woods; Cape Cod*, ed. Robert F. Sayre, The Library of America (New York: The Library of America, 1985), 852.

6 同上，853.

7 同上，877.

8 同上，939.

9 同上，851–852.

10 同上，878.

11 同上，1039.

12 Thoreau, *Walden: A Fully Annotated Edition*, 325.

13 Jay McInerney, "*Still Asking the Embarrassing Questions*," New York Times, September 9, 1990.

第六章 無意義的工作

這是最難寫的一章。光是想到無意義的工作，就讓本書兩位作者，幾乎陷入各自的「沉默絕望」時刻。但接著我們自問：「梭羅會怎麼做？」我們想起在這種感受中，我們並不孤單，於是，我們繼續前行。一八四三年冬天，也就是梭羅的哥哥去世一年後，梭羅正與一場疾病發作和情感麻木奮戰，他坦言：「我現在是什麼呢？是矗立在時間和永恆之間的一束生病的神經，如同仍在枝頭顫抖的一片枯葉。」[1] 在一八五五年六月十一日的日記中，梭羅寫道，「經過四、五個月的病弱和一無是處之後，我開始感到身體裡有一些生命力了。」[2] 想想看：為期將近半年的自覺「一無是處」。工作日來來去去，時間這般流逝不息，很容易就過盡了，卻沒有留下一點有意義的印記。梭羅，這位完美的工作者，這位若我們想理解工作意義時、會去尋找的典範，原來常因為工作潛在的無意義而深感焦慮。我們猜想，至少在某種程度上，正是這種焦慮感，驅使他不斷前進。

我們也充分意識到，以上述方式來界定何謂無意義的工作，可以說是「第一世界」專屬的煩惱。至少，大多數生活在第一世界的人，都有機會選擇從事什麼工作，以及如何與之共處；而許多較不幸的勞工，卻被迫從事無意義的勞動。這或許才是真正的危機，值得在這一篇章中討論。我們將盡最大努力承擔這個任務，我們也將探討令人不安的存在虛無問題，這深深困擾了許多白領族。然而，這些人在選擇工作及其意義時相對自由。

梭羅認為，有意義的工作和無意義的苦勞之間，存在著明顯的差異。工作涉及明確的目標，以及工作者自身的重要利益。反過來說，苦勞既無趣，也沒有朝著預期或想像的目標前進。因此，可以直截了當地說，強迫執行的任務（也就是完全被迫去做的工作），很有可能會變得毫無意義——唯一的原因，就是行動並非出於自願。

單就這個原因，無意義工作的問題，就是一個有關社會正義的問題。容我們說明一下。梭羅對奴隸制的抵抗，導引出二十世紀哲學家以撒・柏林（Isaiah Berlin）所謂的「消極自由」議題，指的是免受直接奴役的自由。[3]然而，梭羅常常反思的，是對奴隸制的更深層批判；這個批判，是以支持有意義生活的工作本質為核心。此外，美國也需要可能性、自由度、培養興趣的能力、設定有意義目標的機會，以及追求這些目標的理由——為了實現幸福。天賦「生命權、自由權、追求幸福權」的童話故事，往往使人遺忘這種追求自身的艱辛，但其實不該如此。從稍微不同的角度來看，十九世紀美國奴隸制的主要錯誤之一，在於它迫使數百萬人，承擔了大量完全無意義的工作。這並不是說，奴隸本身的生活毫無意義可言，而是說他們的工作特別難以創造意義。在我們因自己苦尋意義而深感焦慮以前，這一點必須先清楚說明。

探討無意義工作的概念並不容易，因為事實上，這概念常受社會和政治趨力所影響。另一個困難且令人不安的事實則是——工作的意義是一種主觀感受。對我們來說有意義的事（我們兩人都喜歡用舊牙刷刷洗浴缸的縫隙），對你而言可能毫無意義。在當代美國企業文化中，可能存在一些共識，認為舉行「一場會議的事前會」，並不是最好的時間利用方法。然而，哲學家卻需要保持開放的可能性：說不定，在某個平行宇宙裡，的確有人會因為完美地舉辦了「一場會議的事前會的事前會」，而感到此生無憾。

不過，讓我們暫且擱置這種理論上的可能性，回到現實之中，梭羅的世界裡來。人們常常用某種介於著迷和鄙視之間的態度，來看待梭羅一生所做的有意義工作。他的鄰居們（也就是康科德的農民們），往往搞不清楚他在做什麼，更別說理解他為什麼這麼做了。這意謂著一般而言，他們認為梭羅所做的事一點意義也沒有。「為什麼有一天早上……」在《雕塑家妻子的回憶》(*Memories of a Sculptor's Wife*)一書中，作家瑪莉・亞當斯・法蘭奇（Mary Adams French）轉述了一名康科德農民跟她說的故事：

我走到我在河對岸的田地裡，在那裡，在那個陳年小泥水塘旁邊，大——衛・亨利就站在那裡，他什麼事都沒做，只是站——站在那裡——看著那個池塘，到了中午我又回來，他還是站在那裡，雙手背在身後，只是低頭看著那個池塘。晚餐後，我再走回來，大——衛還是站在那裡，好像一整天都沒動過一樣，就這樣低頭看著池塘，我停下來看著他，我說，「大——衛・亨利，你在做什麼呀？」他沒有回頭，也沒有看我。他繼續低著頭看著那個池塘，好像是在想天上的星星一樣，「墨瑞先生，我在研究——牛蛙的習性！」那個該死的笨蛋就那樣**站了**——一整天——研究——**牛蛙的習性！**[4]

愚蠢的老亨利。真是個徹頭徹尾的傻瓜。他本可以拿那些時間去賺點應得的錢，或修理一、兩道柵欄，或多劈幾根柴也好。但他卻只是站在那裡研究牛蛙。人們對亨利的農耕方式，也有類似的看法：他不施肥；因為若要在田裡施肥，通常，就需要雇用多餘的幫手。還有他在瓦爾登湖冰面上所挖的那些愚蠢至極的洞，農民大概也不覺得那有什麼特別的意義。但那的確有意義——那些洞，使梭羅成為第一位展示該地區水底地形的人。順帶一提，牛蛙研究同樣也別具意義。

費德烈克・盧埃林・霍維・威利斯（Frederick Llewellyn Hovey Willis）在《奧爾柯特回憶錄》（*Alcott Memoirs*）一書裡，以驚人的記憶力，詳加回顧自己在康科德度過的童年生活；彼時，他每天都和超驗主義者來往。我們認為，他為梭羅在瓦爾登湖畔所作的描繪，顯現了梭羅那些看似「無意義」的工作，所蘊含的深刻意義：

> 他〔梭羅〕正與奧爾柯特先生，聊著瓦爾登森林裡的野花，突然之間他停下來，他說：「保持安靜，我讓你看看我的家人。」他快步走出小木屋，發出一聲低沉又奇特的哨聲；倏忽之間，一隻土撥鼠從不遠的洞穴朝著他跑來。他再發出一種不同的音調，但仍是低沉且陌生，一對灰松鼠也聽到召喚，絲毫不畏懼地走近他。接著，又是另一種音調，幾隻鳥朝他飛來，還包括兩隻烏鴉，其中一隻烏鴉甚至依偎在他的肩膀上。我不會忘記烏鴉依靠在他頭側的那一幕，那是最令我

印象深刻的畫面，因為我知道這種鳥有多麼懼怕人。他從口袋掏出食物，用手餵食牠們，在我們欣喜的注視下，輕柔地撫摸牠們；然後，再用不同的哨聲解散牠們。每隻小動物聽到屬於自己的信號聲後，都立即離開了。[5]

牛蛙這次沒有出現，但也許下一次，就會聽到召喚了。藉由研究牛蛙、土撥鼠、灰松鼠、烏鴉和其他數百種生物的習性，梭羅使這種如白雪公主般夢幻的表演成為可能。對此，奧爾柯特家的孩子們，和兒時的費德烈克同感著迷。對康科德農夫墨瑞先生來說，梭羅對大自然的凝視毫無意義，但這種「毫無意義的凝視」，與奧爾柯特家的孩子們那「充滿欣喜的凝視」，形成了鮮明的對比。不難想像，這些孩子們彷彿突然被喚醒，對周遭的生態系統，有了鮮活而明晰的欣賞及理解。

我們兩人都在太平洋西北地區待過夠長的時間，知道許多當地工作者，每天忙於什麼計畫。這些計畫，對東北部城市中心的工作者，或甚至對來自不同社群、擁有不同價值觀的西部鄰居來說，可能都並不重要。舉個例子來說吧，強納森的妻子蘇瑞兒，是波特蘭城市郊狼計畫（Portland Urban Coyote Project）的主任，她曾在「週日步道」活動上，設置這個計畫的宣傳攤位。「週日步道」活動展示奧勒岡州比美頓市的水舍步道（Waterhouse Trail）、提供娛樂與遊戲，以及最重要的：引介環境教育。

蘇瑞兒的攤位，設置在知名的奧勒岡州立大學園藝大師的攤位旁，桌上放有郊狼計畫的相關資料：書籍、目擊地圖、宣傳手冊。一位帶有鄉村氛圍的男士停下來，詢問這個計畫是什麼，蘇瑞兒解釋道：「我們收集波特蘭都會區的郊狼目擊紀錄，並整合成地圖，用來研究人類與郊狼的互動。」他看著她，一副彷彿撞見瘋子的樣子——對於她單純僅靠收集人**看見**郊狼的紀錄來做研究，他實在無法理解。「我能想像這跟他住的地方有關，」蘇瑞兒說：「他提到他常常看到郊狼，很可能，是住在更偏遠的區域，那裡緊鄰農地，所以對他來說，記錄何時看到郊狼的這個主意太荒唐了，因為實在太常見了、一點都不稀奇。」就像梭羅和他的牛蛙，在不解的農夫莫瑞先生眼中一樣，對於這位路過的男人來說，蘇瑞兒在做的事也完全沒有意義，簡直是浪費「一整天——**研究**——郊狼的習性！」

好吧，這或許是對的：關於什麼才算是有意義的事，確實是一種很主觀的判斷。但不妨假設有某種共識存在，也就是所謂「無法接受的愚蠢程度」（簡稱為『無蠢度』），只要超過這條界線，一項任務就比較會被視為無意義，而不是有意義。如果你覺得這個概念很難理解，那麼，想像有一天，當你上網找工作時，你看到以下的需求事項列表：「用手算出一萬顆橘子的毛孔數量」；「連續唱十萬次字母歌」；「連續三年，只說『義大利麵』這個詞（但不能用那種『在心中不斷默禱』的方式）」。對我們大多數人而言，這些事項已經逾越了「不可接受的愚蠢程度」之線，因此顯得沒有任何意義；於是，我們也會盡量避免去做這些事。梭羅也留意到這一點，並斷定他在社會中遇到的許多工作，都潛藏相似的問題。

在〈沒有原則的生活〉（*Life without Principle*）中，梭羅描述「我們鎮上郊區，有個粗魯吵鬧、很會賺錢的傢伙，他想沿著自家草坪邊緣，在山丘下砌一道牆。」[6] 為什麼這個很會賺錢的男人要做這件事呢？梭羅說明：「有錢，讓他興起了砌牆的念頭，好免掉一些麻煩。」[7] 換句話說，這項工作除了讓這個人擺脫麻煩之外，毫無用處可言。這個吵鬧的傢伙，請梭羅幫忙他。「他希望我能花三週的時間，跟他一起挖地。」[8] 梭羅思考著他要怎麼選擇：

要是我決定做這份工作，大部分的人都會覺得我很刻苦耐勞；要是我決定把精力用在對自己有好處、但沒什麼賺頭的事情上，別人就會覺得我好吃懶做。不過，既然我不想被無意義的勞動所束縛，也看不出那傢伙做的事，有什麼值得讚許的地方——和我們自己的、以及許多外國政府官員的行為一樣；無論這傢伙，或那些官員們是如何自得其樂——我寧願到別的地方去，過我自己的生活。[9]

想一想這個有趣的問題：是什麼讓梭羅這麼討厭這份工作呢？首先，正如我們將在〈工作夥伴〉篇章中討論的那樣，並不是所有工作夥伴都很棒，而會吵鬧的那種，似乎更令人受不了。其次（也是更具決定性的原因），梭羅認為，人們要求他這個測量員去測量牆壁和圍籬，就已經夠糟糕了，更別說要他去砌建它們——牆壁是人為的創造，遵照的是一個執著於財產所有權的社會所發出的命令。砌一道牆？不了，謝謝，梭羅如是說。

我討厭現在的生活模式和謀生方式。務農、開店、經商或專業工作，對我來說全都令人厭惡。我更喜歡一種簡單、原始的生活。社會推薦給我的那種生活，

> 太過人為和複雜——仰賴許多薄弱的支撐，最終一定會崩塌——肯定沒有人會想過這種生活。[10]

這是一個戲劇化的斷言——他明確認定有些生活方式糟糕到絕對沒人能從中得到啟發。梭羅的耐心，也是有其限度的。梭羅對「無意義的工作」的定義獨具慧見：無意義的工作，乃是「人為的」；換句話說，它很難提供「生命的熱量」，也就是梭羅在《湖濱散記》開篇所闡述的，生命的必需。根據梭羅的觀點，依此標準，大多數薪水非常高的工作，也可能非常無意義。同樣地，反映出不必要複雜性的工作（例如，支援生產亮片西裝外套的工廠老闆的工作），可能也有值得商榷的存在價值。這類根本不必要的工作，在現代社會中卻不勝枚舉。想想路易十四的〈內務家規〉（House Rules）第二十一條（一六八一年修訂）：「陛下御膳，應按此進呈：兩名衛士先行晉見，其後依序為守門員、捧著王杖的御膳總管、侍候上麵包的侍者、管事部門的記事員、御膳房的老爺、御用餐具的管理員。」[11]也許你會想當「侍候上麵包的侍者」，或「御用餐具的管理員」，又或者為路易十四抹奶油的全程隆重儀式，可能深深吸引你。然而，梭羅會說這些繁文縟節，可能誤導並羈絆了你的願望。

最重要的是，梭羅拒絕任何「薄弱支撐」的工作——除了報酬不菲，我們沒有其他好理由去從事的那種工作。作為探討有意義工作的預告：我們每個人擁有的生命時間有限，因此善加履行我們被交付的職責，成為我們的生命任務；這就是希臘人所稱的「辯護」（apologia）。而梭羅正是這樣的一位哲學家，他相信唯有受到合理性與正當性所支持的工作，人才能善加履行。你會為了理想的報酬，而去做無意義的工作嗎？也許你正在這麼做，或自覺好像是如此。那麼，多少錢才足夠呢？梭羅一再告誡，再多的錢都不值得你浪費生命。

梭羅還告誡我們，曾經有意義的工作，也可能會逐漸變得無意義、單調、制式、令人麻木。事實上，即便是最有意義的事情，像是梭羅在瓦爾登湖畔進行的「有意識地生活」實驗，也會變得平淡無奇。在決定離開森林時，他解釋道：「我離開森林和我去到森林，都有充分的理由。也許對我來說，還有好幾種人生要過，因此無法再花更多時間在森林生活。值得注意的是，人很容易不知不覺就陷入特定的路線，然後走出一條熟悉的軌跡。」[12]

對工作的「一成不變」，梭羅有深刻的體驗。這不是因為他讓自己置身在許多枯燥的工作中，而是因為他對生命的內在節奏——也許，尤其是自己的節奏——幾乎可說是異常敏感。至少，當他的生活和工作開始失去熱情和意義時，他總能敏銳地察覺到。

最終，面對無意義的工作時，你應該怎麼做呢？正如我們在梭羅的幫助下試圖說明的：你可以辭職，就像一八五〇年代初期，梭羅身處的社區中，許多年輕男女開始做的那樣。一八五二年，梭羅觀察了他那個曾經充滿農作，而今卻日漸衰敗的社區：

〔沒有〕一個農夫的兒子願意當農夫，蘋果樹已經腐爛，地窖的洞口已多過房子，鐵軌上滿是苔蘚……站在那裡，看著這些景象，我不敢相信這就是那個以活力和冒險精神聞名於世，充滿希望、朝氣蓬勃的美國。[13]

梭羅不是唯一一個尋求改變職業的年輕人。令他失望的是，他並沒有那麼特別。

當他前往瓦爾登湖的時候，他的許多同齡人也辭去康科德周邊的傳統工作，或者去城市謀職，或者前去大西部探險。然而，他們最後還是都辭職了。

梭羅於一八五二年描述的蕭條景象，一直持續到一八五三年。這一年，另一位剛滿三十四歲的年輕人赫曼·梅爾維爾，匿名發表了他著名的短篇小說，《抄寫員巴托比：華爾街的故事》（*Bartleby, the Scrivener: A Story of Wall Street*）。這個故事血淋淋地呈現新一代工作者的疲憊和悲觀主義。故事的主角巴托比，是一家華爾街公司的低階抄寫員。他是一名優秀且有效率的員工，直到有一天，他突然放棄了。從此，對每一項工作要求，巴托比的回應都是：「我寧願不做。」即使不是工作上的要求，巴托比也回應：「我寧願不做。」巴特比就只是麻木了，他把時間都花在盯著牆壁發呆。最終，巴托比選擇放棄生存，因為他「寧願不」吃東西，結果就餓死了。故事以一聲嘆息和低吟結束：「啊，巴托比！啊，人性！」[14]

面對無意義的工作，有時人們會選擇逃避，轉往別處尋找意義。然而，梭羅對土地和荒廢農場的描述，讓我們認真停下來思考：只有在這般陰鬱的、苦樂參半的，甚至還帶有一絲懷舊情感的時刻，梭羅才得以（也唯有他能夠）批評「普通人」的日常工作。他並不樂見自己曾經批評過的農夫，決定從此不再務農了。這種情感，與梭羅大部分的作品是一致的：他喜歡當領路者，但如果負擔變得太過沉重，他便會轉過身來，抱怨從眾過多。一八五〇年代，是美國大多數人不斷變換職業的時期。人們在尋找「更好的生活」，這有時意謂著放棄舊有的生活。

然而，關於辭職的可悲事實是，無論你辭掉多少工作、賣掉多少房子、認識多少新同事，你始終都只能是你自己。正如愛默生所說的，無論走到哪裡，你的「巨人」都跟隨著你，這個巨人就叫作「自己」。[15]這讓轉職這個簡單的議題變得嚴重複雜化了：人們會以為是你自己對無意義的工作太過敏感了，或者，你實在太小題大作了，竟然覺得花一點時間在無意義工作上，就會徹底破壞你的人生意義。儘管梭羅對資本主義和金錢意義上的「謀生」，表現出咄咄逼人及看似厭惡的態度，我們認為，一個後現代的梭羅主義者，仍能在智性上青出於藍——並且，對《瓦爾登湖》裡那位風潮肇始者而言，也不會顯得太不公平。

我們知道，現代成年人的生活，可以無聊到令人難以忍受。而且我們深信，關於無聊，我們所知的還只是冰山一角。梭羅也是。我們並不是在吹噓，但很多人注定過著比我們更加枯燥、更加平淡的生活。他們永遠無法抵達瓦爾登湖，或找到**屬於自己的**瓦爾登湖。即使他們要讀這本書，可能也只有時間讀一半篇幅而已，因此，我們現在就想對他們說：你在生活中所做的無意義工作，絕對不會使你成為壞人，就算在亨利．大衛．梭羅的眼中，也不會是如此。無意義的工作，不會讓你的人生變得全然無意義。在生命中的某些時刻，無意義的工作的確具有那樣的危險性——而如果這時，你心裡想著，「可惡，我寧願不這麼做」，對教宗亨利而言，這算不上一樁罪行。若說梭羅的工作哲學有任何「重點」的話，那就是對於要如何工作，你至少擁有一點選擇的自由。

生活中的大部分時間基本上都是由繁重乏味的事情組成，去超市買菜、繳帳單、照顧孩子——光列出來就令人一肚子火。那麼，我們該如何面對這個事實呢？逃避並不總是有用的。有時候，用不同的方式來思考你所做的事，會是更好的選項。就以我們自己的經驗來說吧。成為哲學家，常常會讓人覺得是一種非常無意義的追求：你尋索一堆深奧難懂的想法，直到有一天，你能將它們寫在紙面上。你好不容易寫出來的東西，卻只有極少數人會讀。你教書，但常常發現自己對這份工作感到不滿，因為它占用了你本可以用來寫那些沒人會看卻十分重要的論文的時間。接著，正如法國小說家卡繆在《薛西弗斯的神話》（*The Myth of Sisyphus*）一書中所說的：當「舞台布景」崩塌時，你會驚訝且困惑地問自己：「為什麼？」[16]這是何苦來哉？也許我們應該索性放棄，去種自己的蔬菜吧。

但隨後，我們被某個想法給打動了，那就是大衛・福斯特・華萊士（David Foster Wallace，他的父親是一名哲學家）所說的，生活中的重要選擇，總是包括有意識地決定在哪裡尋找意義，以及應當思考什麼。這麼想吧：你在無意義的工作上所花費的時間，正是將這個工作重新賦予意義的機會。例如，哲學家可能不再只是去思考除了他們自己之外，誰都無法理解的宏大理念，而是去思考在寫給妻子瑪塞拉的信中，古代哲學家波菲利（Porphyry）所作的評語：「如果無法紓解凡人的苦惱，哲學家的話語便毫無意義。正如醫生的醫術，若不能治癒身體的疾病，便沒有價值一樣，哲學也唯有在能消除心靈的惶惑時，方有價值。」[17]我們相信，梭羅也會認同上述評語。這並不是過度樂觀的教導，而是兩個新手（相對而言）的建議：我們每個人，都可以藉助自己觀看的角度，來將無意義的工作轉化為稍微更具意義的事物。這就夠了。請注意，我們無需辭去哲學家的職位，但還是可能將某些陌生事物，轉變為有意義的東西。這或許是歷史上，最沒有說服力的一次舉例——一位將哲學變得有意義的哲學家？——總之，我們只是想在表達觀點時，也讓所有人同感自在。

然而，就讓我們接受現實吧。約翰的母親（你在〈手工勞動〉篇章中見過她了），目前住在療養院裡。她已經無法行走，也無法控制自己的膀胱（她不介意我們透露這一點）。日復一日要人幫助才能如廁，對她來說已無法改變，卻又極盡羞辱。這項單調又羞辱人的工作，並不能改善她的狀況。這是臨終照護。這項工作，既無法解決任何問題，也無法恢復任何狀況。在這種情況下，升遷沒有任何意義；獎金、員工福利或退休派對，也並不令人期待。就這些簡單的定義而言，這項工作毫無意義。這類照護工作因此往往遠被低估了。先澄清一下：大多數時日，約翰並沒有做照護母親的工作，但是在他照護的日子裡，他可以（如果他選擇的話）用稍微不同的角度，來思考這項工作——思考一下臨終照護之所以看似最無意義，是因為最終，它是最徒勞的。然而，徒勞並不必然就是不具意義；徒勞的工作，也可以是我們生命中最有意義的一件事。梭羅曾經寫下：「除了更深地去愛，沒有什麼方法可以治癒愛。」這明確表述了，若我們需要的是愛與關懷時，那麼，在愛與關懷之外去尋求幫助，只會是徒勞。[18]陪伴所愛之人走完生命最後一段旅程——或許，再也沒有什麼，比這更是深刻的「有意識地生活」了。貝琪，這位退休教師，盡最大努力將個人屈辱轉化為最後一堂課，教導她成年的兒子，關於生命的必然。

注解

1 Henry David Thoreau, journal entry, January 1843, in The Journal of Henry D. Thoreau, ed. Elizabeth Hall Witherell, Robert Sattelmeyer, and Thomas Blanding (Princeton, NJ: Princeton University Press, 1981), 1:447.

2 Henry David Thoreau, journal entry, June 11, 1855, in The Journal of Henry D. Thoreau, ed. Bradford Torrey and Francis H. Allen (Boston: Houghton Mifflin, 1949), 7:417.

3 Isaiah Berlin, "Two Concepts of Liberty," in Four Essays on Liberty (New York: Oxford University Press, 1970).

4 Mary Adams French, Memories of a Sculptor's Wife (Boston: Houghton Mifflin, 1928), 94–95.

5 Frederick Llewellyn Hovey Willis, Alcott Memoirs: Posthumously Compiled from Papers, Journals and Memoranda of the Late Dr. Frederick L. H. Willis (Boston: Richard G. Badger, 1915), 91–92.

6 Henry David Thoreau, "Life without Principle," in Essays: A Fully Annotated Edition, ed. Jeffrey S. Cramer (New Haven, CT: Yale University Press, 2013), 347.

7 同上。

8 同上。

9 同上，347–348.

10 Thoreau, journal entry, November 5, 1855, in *Journal of Henry D. Thoreau*, ed. Torrey and Allen, 8:7.

11 As quoted in Jacques Barzun, From Dawn to Decadence: 1500 to the Present (New York: HarperCollins, 2000), 288.

12 Henry David Thoreau, Walden: A Fully Annotated Edition, ed. Jeffrey S. Cramer (New Haven, CT: Yale University Press, 2004), 313.

13 Thoreau, journal entry, January 27, 1852, in Journal of Henry D. Thoreau, ed. Torrey and Allen, 3:237–238.

14 Herman Melville, “Bartleby, the Scrivener: A Story of Wall-Street,” Project Gutenberg, https://www.gutenberg.org/ebooks/11231.

15 Ralph Waldo Emerson, “Self-Reliance,” in Self-Reliance and Other Essays, ed. Stanley Applebaum (Mineola, NY: Dover, 1993), 35.

16 Albert Camus, “The Myth of Sisyphus” and Other Essays, trans. Justin O’Brien (New York: Vintage International, 1991), 12.

17 Porphyry, Porphyry the Philosopher to His Wife Marcella, trans. Alice Zimmern (London: George Redway, 1896), 76.

18 Thoreau, journal entry, July 25, 1839, in Journal of Henry D. Thoreau, ed. Torrey and Allen, 1:88.

第七章

不道德的工作

「你覺得我是個好人嗎？」

當你教倫理學教得夠久，最終，學生就會在早上九點，敲響你辦公室的門（有時帶著淚），來問你這個問題。你有義務開門迎接，並且安慰他們。顯然，答案會是「恐怕不是」：大多數人，喜歡認為自己的生活，正遵循著某些明確的倫理準則，但這些準則，也時常誤導了大多數人。我們從自身經驗裡得知這一點，梭羅也是。梭羅的一生，反映了道德的矛盾和失誤（就像我們每個人一樣）；但即使如此，他仍試圖將他的工作生活與某種類似道德準則的東西相結合。這種道德準則可以清楚表述，也可以用來規範我們的營生活動。儘管梭羅可能會反對我們制定出「梭羅戒律」，來指引我們的工作，但他已經不在了，也無法阻止我們了。所以，讓我們開始吧：

汝當「真誠」工作。

汝不可侵犯他人之自由。

汝不可蓄意傷害。

汝不可蓄意偷竊或破壞。

汝不可在工作時擺架子。

聽起來很簡單，對嗎？但生活中最簡單的事，往往最不可能達成；至少，有部分是因為：它們太容易被忽略了。讓我們從「真誠」工作開始講起。梭羅不是傳統意義上的虔誠之人。他不去教堂，在安息日也不休息，而是工作。於是可以說，「真誠」工作與虔誠無關。「真誠」（good faith）這個詞，對應的是二十世紀存在主義哲學家尚—保羅・沙特所說的「自欺」（bad faith）。[1] 簡單來說，「自欺」就是拒絕承認，你在生活中所做的每一個行為，都是自由選擇的結果。正如存在主義所認為的那樣，如果我們作為人類，最本質性的特徵是自由的話，那麼「自欺」，就是對自我本質所說的最糟糕的謊言。

早在沙特創造出這個詞的一個世紀前，梭羅就已經明白反對「自欺」了。正是「自欺」，使我們幾乎不自覺地，傾向於放棄對自己生活方式、以及工作方式的責任。如果你說「我必須去上班」，那麼你說的話就是自欺；如果你因為「不得不」，而盲目遵從老闆的指示，那麼你的行為就是自欺；如果你僅僅因為處境的慣性，或因為出生的家庭而選擇某種職業，或接受某份工作，那麼，你的生活就是自欺。梭羅所在的康科德周圍的農場，大多是世代相傳的大型家庭農場，這樣的傳承，讓無數農民種下了自欺的種子：

我看到年輕人、我鎮上的同胞，他們的不幸就是繼承了農田、房舍、穀倉、牲畜與農具，因為這些東西得來容易，要擺脫就困難了。他們還不如出生在空曠的牧場上，讓狼來餵養長大，這麼一來，他們就能用更清晰客觀的眼光，看見他們自己是在何等的環境中不停地辛勤勞動。是誰讓他們成為土地的奴隸？人命中注定只需寸土維生，為何他們卻要種植六十英畝的土地？他們為什麼才剛出生就得自掘墳墓？[2]

這些年輕農民打從出生起，便背負著務農的期望。從他們的角度來看，他們並不是出生在一個能夠選擇自行探索、自擔風險，並獨力獲取回報的環境裡。從步入青少年時期起，他們便注定要與他們的父親及祖父所翻耕的土地，牢牢綁在一起。但梭羅的觀點，與他後來將啟發的存在主義者們一致：他們都認為是這些農民自己奴役了自己。確實，我們一出生便注定朝向墳墓走去，但根據梭羅的說法，我們應該利用期間歲月自由生活。或許你會認為這只是重複愛默生所提倡的自立論，但事實卻並非如此，至少，不盡然全是如此——令人驚訝的是，這還關乎工作，以及成為道德實踐者的任務。一八四八年，梭羅寫信給朋友哈里森．格雷．奧蒂斯．布雷克：「重要的事實是，一個人可好可壞；他的生命可真可假；對他而言可榮可辱。一個好人會努力向上；一個壞人自會毀滅。**然而，我們無論做什麼事都要充滿信心。**」[3]

無論好壞，我們都應該要有道德上的勇氣，去承擔我們的工作。充滿「自信」地去承擔起一份工作的作者身分，或許就能使這份工作對你有意義（「我對我的工作感到自豪」），但這種所有權的副產品，就是責任。這也就是為什麼，「真誠」會是道德工作的基石。人們往往會把道德責任，和純粹服從命令、或履行個人職責相混淆，但事實上，責任先於對命令或職責的實踐——責任，使你在行動之前，願意承認自己已選定了某條特定道路。用梭羅的話來說，一如他在一篇有關英國十六世紀博學家華特．雷利爵士（Sir Walter Raleigh）的文章裡所寫的那樣：「衡量一個人的標準，不是他所描述之行為的美德，或所表達之思想的智慧，而是在任何情況下，他所展現的自由人格，以及他所帶給人的感受。」[4]最近，我們與一位房地產大亨（實際上是一位億萬富翁）聊天，他坦承，他從未真正選擇過要成為什麼樣的人；至少就職業角度來說，就是如此。「如果我離開家族事業，我父親會殺了我。」這位七旬老人說道。他這輩子做過一些「好交易」，也做過一些「壞交易」，但問題在於，在他看來（也如梭羅看來），他從未擁有過任何交易的所有權——他一直活在一個不是自己創作出來的劇本裡。這有意義嗎？或許沒有；但更重要的是，這也可能是不道德的。為什麼呢？我們問這位大亨，誰應該對他人生中的那些交易負責，此時他停頓了一下：

「我真的不知道。我猜，是公司？還是我的家人？我不知道。」

以大型B2C（企業對消費者）公司為例，我們會更容易察知這種觀點。這類公司，直接銷售服務和產品給消費者；公司裡頭，大部分都是ASRs（客戶業務代表）。這些人像工蟻一般工作，遵循他們沒有寫的銷售腳本、執行他們不認同的工作程序、為他們從未見過的上司效勞。派蒂在一家大型物流公司工作，她坦承：「我不知道誰該為我們所做的事情負責，反正不是我。」這種奇異的存在狀況，正是現代疏離感的核心，而它也開啟了一個在道德上極具問題的態勢：系統、機構和公司，可以在沒有問責制的情況下運作。更關鍵的是，這種疏離感，會導致人們在特定情境下，失去自身的自由意識；從而，也就失去了個人的責任感。

在自欺中工作是不好的。對於超驗主義者而言，這是違背自我作為自由存有之本質的一種罪，並且危及道德責任。但是，人們還會參與一種更糟的工作——一種糟上許多倍的工作。梭羅意識到有一種工作，明顯犧牲了他人的自由，讓監督者和老闆中飽私囊，且得以延續這種奴役。一八四〇年代，許多這樣的「老闆」正是奴隸主。梭羅寫道：「美國擁有四百萬名奴隸。他們被判定要處在這種狀態中，而麻薩諸塞州民們，是防止他們逃亡的共同監督者之一。」[5]在梭羅的一生中，做過許多無償的工作，其中最危險的一項工作，便是參與幫助奴隸逃亡的地下鐵路（Underground Railroad）行動。

傳說湖濱小屋曾經是逃亡奴隸中繼站，這很動人，但並不是事實。事實並沒有那麼浪漫，但卻更英勇：梭羅經常護送逃跑的奴隸乘坐北上火車，前往邊境。他為他們提供資金、提供衣服、提供住宿（他姊姊的家），然後護送他們上路。關於梭羅幫助這些「罪犯」通向自由的紀錄並不多，在《湖濱散記》中，也僅止於稍稍提及：「其中有一個真正在逃亡的奴隸，我幫他朝北極星的方向逃。」[6]對梭羅來說，無償工作往往意謂確保他人的獨立性，而這項工作從未完成；至少，在梭羅的一生中未能完成：「在誓言捍衛自由的國家裡，竟有六分之一人口是奴隸；或是有個國家（墨西哥」被外來軍隊蹂躪、征服、並受制於軍法，面對這些狀況，我認為這是正直之人起而反抗、革命的時機了。此時，反抗更是刻不容緩，因為，受此侵略的並非我們的國家，而是我們的軍隊侵犯了別人。」[7]

至少在某種意義上，奴隸制度已隨林肯簽署的《解放奴隸宣言》（*Emancipation Proclamation*）而結束。然而，梭羅早已預見到，其他形式的強迫勞動，仍將持續到我們的當代。事實上，在瓦爾登湖畔，就能找到強迫勞動的跡象。

他住的那一畝土地在瓦爾登湖上方。他擁有一座小花園，依土地維生，享用十九世紀在麻州康科德周遭仍然生長的野蘋果。[8]他之所以待在瓦爾登，是因為在這裡，他可以是最自由的。他的名字不是亨利．大衛．梭羅。

布里斯特．費里曼（Brister Freeman）是一名黑人，也是瓦爾登森林的原住民之一。費里曼參加了革命，之後「藉由他的姓氏宣告自己的獨立」。隨後，為了「進一步確定自己的獨立身分，他買下瓦爾登湖北坡上的一英畝土地，也就是『布里斯特山丘』」。[9]今日，瓦爾登湖是州立公園保留地，也註冊為國家歷史名勝，只要遊客找得到停車位，他們可以自由來去——如同梭羅當初一樣——但他的許多鄰居卻不能。梭羅會希望我們記住，那些大多未被歷史承認、橫遭國家剝削的男男女女，他們被困在地球這片天堂般的角落。確實，這裡是一個庇護所，但對於梭羅的許多同伴來說，工作的自由受到嚴格限制。根據歷史學家愛麗絲・勒米爾（Elise Lemire）的說法，他們的世界是「黑色瓦爾登」，一個不那麼安靜的絕望之地。[10]

習慣常規歷史的人，很容易產生一種錯覺：梭羅是居住在瓦爾登湖的唯一一人；湖泊所在，是一大片原始的荒野。這不是事實。瓦爾登緊鄰文明社會的邊陲地帶——也就是說，這裡是被剝削的勞工，和現代資本社會棄民的一處棲身之地。梭羅知道這一點，而他願意與這些人為鄰；這些人，被禁止進入波士頓許多富裕郊區的核心生活圈。我們經常將梭羅這種自我強加的簡樸，與他親近自然的生活方式連繫在一起，但事實上，他自擇簡樸，是為藉此理解那些被迫在社會邊緣、竭力維持生存之人。這並不會使梭羅成為聖人，但確實暗示了：梭羅隱居森林的選擇，與他理解那些在壓迫下受苦之人的能力之間，有著密切關聯。

那麼，梭羅的鄰居究竟是誰呢？這些人，體現了美洲令人擔憂的種族和勞動歷史。布里斯特・費里曼的妹妹，齊爾帕・懷特（Zilpah White），同樣也是重獲自由的奴隸。在《獨立宣言》得以落實後，她居住在梭羅著名的豆田邊，梭羅曾在那裡辛勤耕作兩年，試圖實現愛默生的「自立」：一種珍罕且艱辛的自給自足的行動。齊爾帕・懷特幾乎不動聲色就做到了這一點，她以紡織亞麻布和製作掃帚為生。一八一三年，縱火犯燒毀了她的房子，她成功逃出火場，但她的狗、貓和雞群全都葬身火海。她重建了自己的家。她的生活——以及像她這樣的女性的生活——與任何有關「自然狀態」的浪漫化理想，幾乎沒有共通之處。

還有那些臉色蒼白、紅髮的瓦爾登森林居民——那些不完全被當作是白人的愛爾蘭人。在十九世紀上半葉，來到美國的愛爾蘭移民，大多被隔離在社會的邊陲地帶。許多愛爾蘭移民，來到瓦爾登湖附近的鐵路線生活及工作，而梭羅與他們，都維持著長久而深刻的關係。梭羅結識了一位生病的愛爾蘭挖溝工人，名叫休・科伊爾（Hugh Coyle），並主動提議，要帶他去布里斯特山丘附近的一個乾淨水源區。然而，這名老人虛弱到無法走完那一小段路。就像許多貧窮的愛爾蘭工人一樣，他在極度貧困中酗酒而死。類此情況，始終是現代頹廢主義的另一面；是導致不道德工作長期存在的體制，所造成的間接傷害。我們知道，這樣的話題並不有趣，但事實仍然是，絕大多數有時間閱讀這類書籍的人，不會像是科伊爾、懷特或費里曼——因此，我們都需要自問，我們是不是他們所忍受之折磨的一部分。

梭羅意識到自己擁有一切優勢；他也明白，一般而言，特權階級不會注意到弱勢群體。換句話說，許多勞工在日常苦勞中失去了自由，而他們的工作，則支撐著極少數的老闆和業主——這些人藉由雇用他人來替他們工作，以確保自己的自由。人們很難看見這一點（即使是在一開始），而要持續地觀察，更是不容易。社會正義在很大程度上，是為了消除這種短視，也為了指認出隱藏在眾目睽睽之下的，他人的痛苦。

對梭羅而言，阻礙富人理解窮人困境的部分原因，正在於他們擁有財富與物質；這不僅是就隱喻或概念而言，更是就字面意義而言。如果你總能享有自己的美好自由（逛街、整理家務，或趕著去參加派對），那麼，你的確很難理解他人的內在生活。用梭羅的話來說，「有意識地生活」，就是要從這場永無休止的群鼠競跑中跳脫出來，理解看似迫切的消費和獲取，與真正重要的關懷和思考之間的差異。「不要在獲取新事物上大費周章，」梭羅指引我們：「賣掉你的衣服，但保有你的思想。」[11] 脫離現代生活的干擾，讓一個人能夠專注及思考。現代生活，就是有關社會日常生活的多樣展示，這樣的生活，充滿了物質、物質，與更多的物質。若身外之物，不再占據我們的思緒，我們會想到什麼呢？若我們停止只關注於自己，我們還可以關注什麼呢？關注誰？或許我們會注意到，我們的許多鄰居正勉力求生，試圖為自己，爭取那麼一點表面上的自由。

在政治自由主義中，有一個非常重要的原則，即所謂「傷害原則」（harm principle）。其意涵大致是：我的自由僅限於不侵害他人的自由；也就是俗話說的，我拳頭的自由就止於你的鼻尖。上述關於奴隸制和剝削的討論，明顯違反了這個原則。梭羅對工作的頻繁思考，則顯現許多職業涉及直接的身體傷害——例如士兵、屠夫、獵人和竊賊等角色。而隨著美墨戰爭的激升和內戰的逼近，愈來愈多的士兵，得同時扮演所有這些角色。

究竟，有多少人在美墨戰爭中喪生呢？這很難說。戰爭愈殘酷、愈不公正，也就愈難追蹤確切的數字。大概，有兩萬人喪生，其中大多數死於傳染病。那麼，這場戰爭的起因是什麼呢？這個問題就容易回答得多了：因為帝國主義式野心，美國想讓德州從墨西哥獨立出來，並藉此向西擴張。只需要三萬五千名美國士兵，外加七萬三千名美國各州志願者就夠了。「只需要」，這意謂需要合計大約十萬名勞工，來合力為了梭羅認為不公正的目標而苦幹、而殺戮、而掠奪。讓梭羅感到憤怒的（別的事情就先不提），是一般民眾對這場戰爭的全然無視。這場戰爭，是他那個時代最激昂，也最不公正的工作計畫，然而，他的鄰居們卻徹底與這項帝國主義「工作」合謀。美國公民，用他們辛苦賺來的錢為這場戰爭買單，而大部分的人，根本沒有意識到這一點。你必須承認，這似乎有點令人震驚，也有點令人作嘔——勞工們受雇去殺人和偷竊；無知的公民資助這項不道德的工作，卻絲毫不關心他們所支持的是什麼。梭羅對此感到挫敗，並因拒絕繳納稅金而入獄一晚。不道德的工作，正是他《公民不服從》一書的根源。

在談論這個問題之前，讓我們先跟你說實話吧。如今，美國軍方的年度預算為七千七百七十億美元（是的，數字後面有個「億」）。其他來源先不說，這筆資金來自於美國每年約三兆美元的稅收收入。[12]我們可以假設，軍事支出占稅收收入的四分之一，只為了以策安全——同時，我們也可以說這筆支出，是非常昂貴的安全成本。然而，美國在二十世紀發動的許多戰爭，其目的和結果其實都令人存疑，也證實了老亨利可能早就提出的一個論點：若得到政府的批准，則殺戮和威脅其他人類，將成為現代經濟中，一項極其龐大、且獲利極豐的事業。我們在此並不是想說教，而是試圖指出，梭羅對不道德工作的批判，在今日或許會引起非常強烈的共鳴。問題只在於，我們是否敢於面對這些事實。

梭羅的《公民不服從》，是一種斷然的拒絕——拒絕資助一個支持不道德工作的國家。這並不是說國家是邪惡的，但它雇用個人來執行不道德的工作，而這些工作造成廣泛的傷害。這才是邪惡所在：國家讓個人成為不公不義的工具。終究，這攸關工作的本質，以及梭羅對工作的看法。為了一份薪水而工作（無論是什麼樣的工作）這個問題，我們將在下一章討論，不過，讓我們先來個預告：這很不好。你可能有辦法靠著他人的痛苦或死亡來謀生，這樣的想法應該要讓你感到不舒服，並充滿道德上的厭惡。如果你沒有這樣的感覺，好吧，你可以繼續閱讀這本書，但請意識到，至少在梭羅眼中，你作為一個人類是失敗的。梭羅的不服從，或許聽起來暴力，但它針對的是一種抽象概念，而非針對任何具體的生命：「我的種種想法，是對這個國家的謀殺，也是對其不由自主地謀反。」[13]

我們無法確定梭羅會更討厭哪一種人：國家贊助的軍人職業，或是竊賊。兩者不相上下。在自然秩序的層面上，梭羅認為，許多工作（如伐木工人、地主、礦工和工廠老闆）都使景觀變形，並掠奪了世間某些重要的東西。論及那些在麻薩諸塞州土地耕種的農民，梭羅寫道：「由於我們每個人都逃不了貪婪與自私心態，以及把土地視為私有財產的卑劣習慣，抑或是獲得財產的主要手段，於是，自然山水變了形，農業也跟著我們一起沉淪，而農民過著最為卑賤的生活。他以掠奪者的眼光來認識大自然。」[14]梭羅的話實在太抽象了，讓人難以理解。不過，就算是童書作家蘇斯博士（Dr. Seuss）筆下的「羅雷斯」一角為森林發聲時，孩子們或許都能理解，卻仍然無法阻止成年人們，理所當然地接受大自然終將被破壞殆盡的現實——即使梭羅個人，拒絕接受這種在倫理與權宜之間的妥協。然而，真正讓他震驚、也讓我們震驚，或許也會讓你震驚的，是這樣的一種悲慟：目睹有人以掠奪與暴力行為，不必要地從這世上，褫奪一個非人類存有的生命。

儘管常在荒山野林間咆哮，梭羅卻擁有一顆溫柔的心。他認為工作應該有其目的，雖然偶或涉及痛苦，但絕不應該有不必要的痛苦。在晚年一次前往緬因州的旅途上，梭羅寫道：「但是，這種僅僅為了捕殺的快樂而捕殺駝鹿的行為——甚至不是為了獲取駝鹿的毛皮——而且捕殺過程，不需要你付出太多的努力，或者冒什麼風險；

這和晚上偷溜到林邊牧場射殺鄰居的馬匹沒有兩樣。」[15]

許多現代工作就像一次駝鹿獵殺。

「我真他媽的賺翻了！」

在波士頓郊區的一個展間後方，這句話從辦公室緊閉的門縫中傳出。傑瑞德賣車維生，二手車業務的不道德形象其來有自，他的特定手法，是把車賣給那些根本無法按月償付貸款的人。他主要以種族樣貌來挑選目標。有些時候，車主會把車丟棄在路邊，然後打電話請傑瑞德把車拖回車行。屆時，他會把車擦亮，再轉售給另一個同樣可能無法償還貸款的客戶。正如他所說的，他真是賺翻了！

今日，我們的朋友克蘭西是一名佛教徒，他教授商業倫理，但他並非一開始就是這樣的人（他同時也是世上頂尖的詐欺和說謊哲學專家）。年輕時，他是那種商業倫理學者會拿來當作反面教材，告誡學生絕對不要步其後塵的那種專家。克蘭西曾在德州一家珠寶店工作。他告訴我們，珠寶銷售的唯一要訣，就是讓客戶相信自己得到一筆划算的交易，但事實上，他們卻被騙了。我們確信，在鐘錶和珠寶業中有誠實的銷售人員，但的確也有像克蘭西這樣的人：他會把勞力士拿進去清洗，趁機替換成幾可亂真的假貨；他會篡改鑽石證書來調整價格；他甚至會「弄丟」那些應該要修理的珠寶。他賺翻了。

接下來還有那些臭名昭彰、但可能極為常見的詭計——比如在二〇〇八年，引爆金融海嘯的那場騙局。交易員用大量的有毒證券灌滿華爾街，特別是那些包裝得漂漂亮亮、並被標上AAA評級的掠奪式抵押貸款。用電影《大賣空》中一位角色的話來說：這些資產的價值不過是「狗屎」。更糟的是，華爾街早已窺見這些「狗屎」即將塗滿整牆，因此，他們對賭這些證券（「賣空」）。結果，一瞬間，數十萬人失去畢生積蓄、工作和房屋；但在此之前，「房間裡最聰明的傢伙們」早已賺到一筆可觀的佣金。他們賺翻了。

這種類型的工作，或許不是最古老的職業，但它肯定已經非常古老，而梭羅早已識破並且鄙棄這種工作。一八五〇年，紐約外海火島發生一場船難，這個消息傳回了康科德。梭羅和愛默生的朋友瑪格麗特．富勒（Margaret Fuller）在那艘船上，在歷經一番艱難而漫長的奮力求生後，最終還是未能抵達岸邊，不幸去世。愛默生因為身體太虛弱無法成行，於是他請託年輕的梭羅去海灘上尋找她的遺骸。這是一項作家兼思想家的任務，於是梭羅立刻啟程南下，結果卻看到一大群人，在船難殘骸中大肆搜刮：「我發現這些年輕人正在玩多米諾骨牌，頭上戴著從溺亡者身上搶來的戰利品。」[16]這些年輕人是「打撈者」，本質上就是船難禿鷹，搶拿死者的一切零碎遺物。然而，扮演禿鷹的還不只是這些年輕人：

幾乎每個住在鄰近本島的家庭都有一艘大型帆船，那些在船難當時不在現場的人，立刻趕往那裡，甚至有些女人和小孩還準備好他們的〔糧食〕，目的只為掠奪。他們甚至不假裝否認這一點。其中有些還稱得上是正當的海盜，但大多數人配不上這個稱呼——他們只是一些低賤的小偷和竊賊，缺乏海盜精神。徹底調查後，許多外表看似體面的人，其實也都參與在其中。[17]

當談論到不道德的工作者時，問題一向只會是：「有多少個？」

如果你仍在閱讀這麼一本關於梭羅工作本質的書，那麼，你可能不是我們現代經濟中最糟糕的「賺翻者」之一。你們之中，大多數人都屬於那個特別的、自主選擇的社群。我們因此愛你。

但梭羅會敦促我們避免自滿。我們永遠還有可能再次重新評估自己的消費模式，是如何支持那些「賺翻了」的企業，或那些從不幸的人身上竊盜的企業。共謀，是現代消費者的一種生活方式，但我們猶可反抗，就像利用資源回收，來對抗不可避免的氣候變遷和物種大滅絕一樣。至少，我們得盡力試試。我們也可能會意識到一些微小的侮辱和不公——某種意義上來說，這比「無意義的工作」更糟糕。

或許，這不是現代工作中最具道德爭議的部分，但仍然是一個問題：如果梭羅鼓勵我們真誠工作，為自己的工作和日常任務坦誠負責，那麼，他也會反對我們在工作中裝模作樣地偽裝成自己其實並不是的那種人。梭羅厭惡現代社會中，各種形式的裝腔作勢。那些自詡為晚期資本主義大師和領袖的人，會讓他徹底抓狂，而他也會基於道德理由，來反對這種行為。一旦開始裝腔作勢，我們就戴上了面具，阻礙了真正的溝通和交流，而梭羅認為，溝通和交流不可或缺。然而，某些工作確實很容易使人裝模作樣，甚至使裝模作樣幾乎成了工作的必要條件。

在佛蒙特州斯托鎮郊區，有一家店，以非常細緻的手寫字體，在招牌上自我標榜為「高級葡萄酒商店和高級烘焙坊」。走進店內，迎面但見一條東方風格的地毯，引領顧客穿行冷藏酒架。酒架上，陳列一瓶瓶要價四十美元的玫瑰葡萄酒；旁邊，整齊擺放一列列俄羅斯魚子醬和芬蘭漬魚罐頭。行過櫃架，總算望見櫃檯，櫃檯後方，有一尊價值一萬三千美元的義式咖啡機。倘若，你是在星期三早上，造訪坐落於佛蒙特州斯托鎮郊區的此店，打算買個英式瑪芬，迎接你的，將會是一位穿著看似破舊、但實際價值三百美元的法蘭絨襯衫的男士。此人衣袖捲得恰到好處，露出手臂上非常酷的刺青，他的小鬍子經過上蠟定型，黑色毛帽覆蓋他的一頭紅髮，令髮型完美而油亮地削邊。他的臉上，還戴著一副金框飛行員眼鏡。

「我們**從不**賣瑪芬。**絕對不**賣瑪芬。不過我們有『可頌瑪芬』（cruffins）。你知道吧，就是瑪芬外型的可頌。但只有星期二有。絕不會是星期三。我們的可頌瑪芬，簡直是**神**。」

最後一個字拖得夠長，長到足以令你明白，在你整個可悲的人生中，你永遠、永遠，都不配得到一個可頌瑪芬。

「星期二，我們的可頌瑪芬會在九點五分上架。十分鐘內就會賣光。十分鐘，全空。」

我的心中聖靈充滿，這些神靈從來不知瑪芬是可食用的。好吧，那或許來杯咖啡？

「我們沒有賣咖啡，我們只賣『告爾多』（cortados），而且**只**用對的杯子。」他拿出一個頂針那麼大的不鏽鋼杯。

無論是在生活中還是工作中，梭羅皆力求誠實、簡樸、坦率和莊重。他會嘲笑這間位於斯托鎮的小店，嘲笑這家店，因可頌瑪芬和告爾多而生的傲慢。在這些所謂的奢侈中，他看見一種追求：人們透過虛假的時尚，及其最終導致的虛假的生活，來追求一種優越感。這種虛假的生活，也就是自欺的生活，只是在為「賺翻了」磨盤上油，使其繼續磨輾。

「我認為這是非常有意義的，」華特・哈丁（Walter Harding）在〈湖濱散記的五種讀法〉（Five Ways of Looking at *Walden*）中寫道：「在二十世紀，真正對於梭羅感

興趣的第一次熱潮，出現在一九三〇年代的大蕭條時期，當時大批人——實際上，幾乎是所有人——都因為環境的壓力，被迫過著簡樸的生活。在這件事上，我們別無選擇，但梭羅是極少數的作家之一，他不僅讓這種簡樸的生活變得可以忍受，甚至讓它變得迷人。在三〇年代時，我的一個朋友對我說：『你知道嗎？梭羅是唯一一個，你可以在口袋裡沒有五分錢的情況下閱讀，卻不會感覺被羞辱的作家。』」[18]

梭羅幫助那些有如被經濟磨坊給磨碎、又再吐出的人們。他幫助他們能夠承受（甚至是能稍微享受）跌入困境的歷程。他不羞辱他們，也不剝削他們。如果你需要一個關於道德工作、也關於道德追求的榜樣，來對抗不道德的工作，那麼，梭羅會是一個不錯的模範。他盡力做到最好。

以邁可・法蘭尼瑞（Michael Flannery）為例，他是一位來自愛爾蘭克林郡的移民，離開了親愛的妻子安，以及他們的孩子們，前往美國尋找工作，目標是籌到足夠的錢，將他的家人接來這片更光明的海岸。法蘭尼瑞是梭羅的朋友，正如之前提到的，那時的愛爾蘭人，常常被視為種族和文化上的劣等人，受到不同程度上的蔑視。一八五三年九月，法蘭尼瑞特地來到康科德一年一度的「密德瑟斯郡畜牧展」，參加活動中的一項農業競賽——比的是鏟地技能，也就是挖土。在十二名參賽者中，法蘭尼瑞獲得第二名，贏得四美元的獎金。

當時，法蘭尼瑞的雇主阿比爾・惠勒（Abiel H. Wheeler），心中卻另有盤算。他直接拿走了法蘭尼瑞的四美元。惠勒認為，他有權利擁有員工獲得的獎金；畢竟，惠勒雇用了法蘭尼瑞來為他勞動，而這四美元，正是法蘭尼瑞勞動的成果。因此，獎金終歸惠勒所有。

直到梭羅介入為止。

當梭羅得知這個暴行後，他起草並傳遞一份「募捐文件」，顧名思義——一份給人連署的請願書，為某件事承諾捐助。文件寫道：

> 我們，以下簽署人，捐贈以下款項，以補償邁可・法蘭尼瑞的四美元，這是他比賽鏟地獲得的獎金……卻被他的雇主阿比爾・惠勒領走並保留。[19]

遺憾的是，康科德並不如梭羅預期的慷慨：大多數人不願做出承諾；其他人也只捐助了極微薄的金額。在日記中，梭羅對這件事直言不諱：

> 今天，我有了這樣的一個經歷：替一個貧窮的愛爾蘭人借錢；這個窮人，希望把家人帶到這個國家裡來。一個人永遠不會認識他的鄰居，除非他帶著一張請願書到他們之中。啊！這揭露了許多使人悲傷的事實。聽到那些人說出自私又懦弱的藉口……多麼諷刺啊，這種時候你會更想去拜訪某個一般而言受到輕視的、所謂的瘋女人，而不是銀行總裁！[20]

只有在面臨道德選擇之際，我們才會真正理解自己，或我們的鄰居。對梭羅來說，道德之美往往不會顯現在那些身居高位的人身上，像是「銀行總裁」，而是在社會底層的那些人，像是「一般而言受到輕視的、所謂的瘋女人」。他們以各種美麗的形式展現慷慨；他們的工作是良善的；他們的報償，則是一個更美好的世界——哪怕只是一點點。

注解

1 See especially part 1, chapter 2, “Bad Faith,” in Jean-Paul Sartre’s Being and Nothingness: An Essay

on Phenomenological Ontology, trans. Hazel E. Barnes (New York: Philosophical Library, 1956).

2 Henry David Thoreau, Walden: A Fully Annotated Edition, ed. Jeffrey S. Cramer (New Haven, CT: Yale University Press, 2004), 3.

3 Henry David Thoreau to H.G.O. Blake, May 2, 1848, in The Writings of Henry David Thoreau: The Correspondence, vol. 1, 1834–1848, ed. Robert N. Hudspeth (Princeton, NJ: Princeton University Press, 2013), 369–370, emphasis added.

4 Henry David Thoreau, Sir Walter Raleigh (Boston: The Bibliophile Society, 1905), 83.

5 Henry David Thoreau, "A Plea for Captain John Brown," in Essays: A Fully Annotated Edition, ed. Jeffrey S. Cramer (New Haven, CT: Yale University Press, 2013), 208.

6 Thoreau, *Walden: A Fully Annotated Edition*, 147.

7 Henry David Thoreau, "Resistance to Civil Government [Civil Disobedience]," in Essays: A Fully Annotated Edition, 149.

8 This section was adapted from John Kaag and Clancy Martin, "At Walden, Thoreau Wasn't Really Alone with Nature," New York Times, July 10, 2017, https://www.nytimes.com/2017/07/10/opinion/thoreaus-invisible-neighbors-at-walden.html.

9 Laura Dassow Walls, Henry David Thoreau: A Life (Chicago: The University of Chicago Press, 2017), 200.

10 Elise Virginia Lemire, Black Walden: Slavery and Its Aftermath in Concord, Massachusetts

(Philadelphia: University of Pennsylvania Press, 2009).

11 Thoreau, *Walden: A Fully Annotated Edition*, 319.

12 在梭羅的時代，聯邦政府大部分收入來自對進口商品徵收關稅。梭羅抗議的墨西哥戰爭是由關稅資助，而不是所得稅。

13 Henry David Thoreau, “Slavery in Massachusetts,” in Essays: A Fully Annotated Edition, 188.

14 Thoreau, *Walden: A Fully Annotated Edition*, 160.

15 Henry David Thoreau, The Maine Woods, in A Week on the Concord and Merrimack Rivers; Walden; or, Life in the Woods; The Maine Woods; Cape Cod, ed. Robert F. Sayre, The Library of America (New York: The Library of America, 1985), 683.

16 Henry David Thoreau, July 1850, in The Writings of Henry David Thoreau: The Correspondence, vol. 2, 1849–1856, ed. Robert N. Hudspeth, Elizabeth Hall Witherell, and Lihong Xie (Princeton, NJ: Princeton University Press, 2018), 73.

17 同上。

18 Walter Harding, “Five Ways of Looking at Walden,” in Critical Essays on Henry David Thoreau’s “Walden” (Boston: G. K. Hall and Co., 1988), 87.

19 Henry David Thoreau to various recipients, October 12, 1853, in Writings of Henry David Thoreau: The Correspondence, vol. 2, 1849–1856, 176.

20 Quoted in Bradley P. Dean, “Thoreau and Michael Flannery,” Concord Saunterer 17, no. 3 (1984): 28.

第八章　報償

「就是不要提到它。」

想著它。迷戀它。掛心它。計算它。收集它。投資它。但就是不要提到它。

「錢」。瞧，我們說出口了。

一位高盛的投資銀行家，儘管並不缺錢，但還是無法不去想錢。最近，他問了我們一個誠懇的問題：「什麼時候開始，錢變得如此像是隱私和禁忌呢？簡直就像性和死亡一樣──甚至更糟。」

我們當時只是一笑置之，但其實還真的有答案：在工業革命初期，也就是梭羅剛出生時，錢對大多數人而言，成了攸關生死的事。機械化生產和勞動分工，使工人的生活變為可以計算的事物，而這種計算是以美元和美分為單位。一項任務值多少錢？完成這項任務需要多久？這筆錢能在公開市場裡買到什麼？這個產品能在多大程度上維持生活？在一八三〇年代的某個時期，美國區分成富人和窮人，也就是有錢的人和沒錢的人。我們對金錢問題、對談論金錢的尷尬，掩蓋了一個令人不安的事實──我們與金錢的關係如此密切。

我們謹慎看待自己的所得，對財務細節三緘其口，對預測和股票選擇也避而不談；但壓力卻在積累，就像背負了任何不該說出口的祕密一樣。然後，一切就在最意想不到的時刻爆發——一句話打破了禁忌，接著，錢的話題就如洪水般湧出：

「年薪四萬六千元。」

「最低薪資。」

「只是小費。」

「只是股票。」

「差不多到期了，再三個月。」

我們確實應該談論金錢，但不是以這種方式。我們大多數人對工作的沉思默想，都圍繞著「報償」這個概念；這或許是合理的，但前提是，我們對此有正確的理解。

梭羅的摯友愛默生認為，宇宙是以「補償」的方式運作：在宇宙那巨大的施與受系統中，每一個行動都有對等的回應，每一個決定都有相應的結果，而每一樣有用之物，都有其伴隨的價格。作為一名勞動者，他所提供的服務，或所生產的產品，都應該有其應得的價值——至少理應如此。然而，梭羅卻沮喪地發現，許多工作在現代社會裡並沒有得到應有的重視，因此，也沒有得到合理的報償。若說梭羅有一份主業，那應該就是寫作，但作家的報酬從來都少得可憐，還常常必須自行兜售根本沒人想買的書。於是，梭羅不僅沒能從他寫的書中獲利，反而往往自掏腰包，買下滯銷書。

《在康科德與梅里馬克河上一週》這本書，儘管愛默生認為具有「非凡的價值」[1]，最終卻銷量慘淡。梭羅向一位朋友抱怨道：「過去的七十六天中，我每天平均只賺一塊錢。」[2]

梭羅面臨的選擇，我們所有人也都將面臨：他要不就賺更多的錢，來滿足日益增長的欲望和需求；要不就是讓自己的欲望和需求，配合他可支配的金錢額度。眾所周知，梭羅選擇了後者。許多年輕的勞動者，也都做過類似的決定。作為年輕的學者，本書的作者們，曾經住在政府補貼的公寓裡，十分滿足地吃著香蕉和花生醬三明治。儘管成長之地相隔千里，我們卻都開著相似的破車。我們進我們負擔得起的學校——也就是免費，或學費最少的學校。雖說不宜將貧窮給浪漫化，但貧窮確實有其功用：它讓我們能夠看清生活中，真正必要的是什麼，可以捨棄的又是什麼。因此，它讓我們確切意識到，我們實際上需要多少錢，而這個數字小得令人驚訝。梭羅的《湖濱散記》就驗證了這個事實。梭羅寫道：

> 我們經常被提醒，即使賜予我們克羅伊斯王的財富，我們的目標仍然要維持不變，我們的方法也必須依然如故。況且，如果你因貧窮而受到限制，例如，沒錢買書、買報紙，你也不過是受限在最有意義、最重要的經驗裡——這反而迫使你，去找出蘊含最多糖分、最多澱粉的物資。愈刻骨銘心的生活，愈有其滋味。你不會成為一個遊手好閒之人。在更高層次上大器的人，也不會在更低層次上有所損失。多餘的財富，只能買到多餘的東西；人的靈魂所需之物，不需要用錢來買。[3]

聽起來像是梭羅在粉飾悲慘境況，但這不是重點。重點在於他所表達的結論——多餘財富會驅使我們過度欲求，而這幾乎可說是不健康的。我們的欲望，會隨著薪資而增加，這種慣性，有時被稱為「生活方式的通膨」：當我們愈習慣某種生活方式，我們也就愈習慣去想望生活中的「更美好事物」。然而，金錢財富很少帶來真正的福祉，部分原因在於過多的財富，無疑會讓我們偏離梭羅所謂的「靈魂必需品」。這些必需品，究竟是什麼呢？在《湖濱散記》裡，梭羅清楚說明：即住所、衣服、食物和愛，凡此種種，帶給我們「溫暖」的東西。梭羅解釋道：「所謂**生活必需品**，我指的，是人憑自己的努力所取得的所有東西。它們非常重要——不管是從一開始就非常重要；或是經過長期使用、才在人類生活中變得不可或缺——以致幾乎無人曾試圖在沒有它們的情況下度日，無論是出於野蠻、貧窮還是哲學上的理由。」[4]

我們知道，這聽起來太過理想主義，就像是持戒不食的佛教僧侶，或「食氣者」（他們相信可以只靠空氣和陽光來過活）會說的話。你可能會覺得我們像在傳教：「你所需要的只有愛！金錢是買不到愛的！」若論及金錢的價值，梭羅確實是一個理想主義者，不過，他同時也極其務實。梭羅沒有什麼興趣（事實上他根本毫無興趣）需要他確認，作為一個人，自己是不是具備購買力；他感興趣的只在於，自己能否恰當運用維持生命所需的金錢。《湖濱散記》裡有一大段讀起來像是《小氣財神》裡守財奴艾比尼澤·史古基所精心寫的記帳本。不同於史古基，梭羅的記帳本所驗算的卻不是對生活的過度鑽營，而只是生活的必須收支。在此，我們且讓梭羅從瓦爾登湖畔為自己發聲，親自講述工作、報償與維持生命之間的微妙平衡：

> 我在村裡還同時做些測量、木工以及其他各式各樣的事，因為我會的手藝和我的手指頭一樣多，總共賺到了十三美元三十四美分。八個月的伙食開銷，從七

月四日到次年的三月一日，也就是做這筆估算的那天（雖然我住在那裡的時間超過兩年）——但不算我自己種的馬鈴薯、一點嫩玉米和一些豌豆，也不考慮我最後手上保留的食物價值的話，統計如下：

米……………1.735元
糖漿…………1.73元（最便宜的糖精）
黑麥…………1.0475元
印第安玉米粉…………0.9975元（比黑麥便宜）
豬肉…………0.22元

以下皆試驗，但結果統統失敗：

麵粉…………0.88元（比印第安玉米粉貴，而且處理麻煩）
白糖…………0.80元
豬油…………0.65元

蘋果……………0.25元
蘋果乾……………0.22元
地瓜……………0.10元
南瓜一個……………0.06元
西瓜一個……………0.02元
鹽……………0.03元

是的，我總共吃掉了八美元七十四美分；要不是我知道大部分讀者也和我一樣罪過，把他們的行為公之於眾也比我好不了多少，否則，我不會這麼不知羞恥地公開自己的罪過。[5]

我們知道，上述這段有點無聊，但詩人梭羅無疑是故意如此。梭羅分享他在湖畔生活的細瑣財務細節，是有原因的：他希望我們理解，生活的基本必需品，其實花費甚少，而且在滿足這些基本需求後，人們如何仍可以保有盈餘。他希望我們理解，他是如何做出關於維持自身生命的決定，以及，一個人是如何謹慎處理，並自豪於這些收支變化——這些收支，正是維持自給自足的基礎。

我們兩人的母親都有「記帳本」，仔細列出開支和薪資明細。當然，她們每週都會檢查記帳本，確保家中有足夠的錢可用，但這些堪稱神聖的帳本（萬萬不可搞丟！）其實是一則不斷擴充的故事，訴說著我們各自的家如何重視生活、我們如何維持生存——確切地說，我們如何靠自己，就做到了這一切。我們知道，梭羅並非完全自給自足（我們沒有人是），但他的瓦爾登湖「記帳本」，顯現出他真誠的嘗試。他在瓦爾登湖度過了兩年兩個月又兩天，時間並不算短。他並非只在「有意識地生活」的邊緣玩耍，而他也漸漸相信，對金錢和「靈魂所需之物」的某種特定信念，會是必要條件，使人得以對抗現代消費主義的「沉默絕望」。

這一切，都與追求成名致富的現代美國夢不同調——梭羅認為這種夢想，往往更像是一場惡夢。「生活的各種機會，」梭羅觀察到，「會隨著所謂『生財之道』的增加而等比例減少。」[6]我們問學生們，此生他們想追求什麼，愈來愈多人（感謝上帝，如果真有上帝的話）說，他們想找到有意義的工作，並「在人生中造就不同」。這本書，正是為這些學生而寫的。然而，也有一些學生非常誠實地說，他們希望變得極為富有，然後住進南塔克特島上的豪宅。**事實上**，這本書也是寫給他們的。梭羅傳遞了一個訊息，給追逐財富的人：「大部分的奢華，大部分所謂生活中的舒適，非但沒有必要，而且對人類進步大有妨礙。」[7]讓我們清楚說明：我們不是現代梭羅；我們也常常發現自己在追求生活的奢華，但這並不是說，我們這麼做是對的。事實上，我們並不是對的，而在梭羅的幫助下，或許，我們能夠感受到這種錯誤的嚴重性。

梭羅哲學的核心關注，意在嘗試釐清一個深植人心的混淆偏誤——人們常將我們想要之物的價值，誤解為我們需要之物的價值；而正是這兩者的混淆，定義了我們所在的現代時期。有一些人常常引起梭羅的注意，特別是許多按日計酬的臨時工，因為這些人似乎徹底避開了上述的混淆。梭羅回想起與一位加拿大伐木工的談話，他問這位伐木工，「沒有工廠，也有辦法生活嗎？」伐木工回答梭羅自己穿的是「家庭手工織的佛蒙特灰布衣服，那就很好了」。梭羅又問：「可以不要茶與咖啡嗎？」伐木工再次表示可以，他曾經「把鐵杉葉泡水喝，而且覺得在大熱天的時候比水還好喝」。梭羅最後說：「當我問他是否可以不使用錢時，他解說錢如何便利的樣子，使人聯想起、並想媲美於那種最具哲學性的分析——有關貨幣制度的源起，以及「金錢」（pecunia）一詞的來源。他說，如果他的財產是一整頭牛，那麼，每當他想去店裡買點針線，而每次都要用這頭牛的一部分來抵押，他很快就會覺得既不方便，也不可行。」[8]在《湖濱散記》中，梭羅指導讀者們「簡單、簡單、再更簡單！」[9]毫無疑問，這位伐木工已經採取了這種對待金錢和生活物品的方式，而更了不起的是，他能夠清楚表達金錢的真正價值。

金錢的出現，並不是為了要盡量購買最多的物品，而是為了代表那些無法輕易分割的生活必需品。讓我們按照梭羅所言來解釋一下：金錢，pecunia，源自一個與牛（拉丁語為*pecu*）密切相關的拉丁詞彙；在古代，牛代表財富。當你去市場購買所需物品時，用牛的一部分來抵押換得針線，是很不合理的。於是，金錢就被發明出來，用來代表牛的一部分。金錢源自生活必需品，並且，它唯一的用途就是為了獲取這些必需品。對於梭羅而言，金錢就只是這樣。

然而，現代性已經將pecunia的概念，推向其邏輯和發展階段的終點：如果牛的一部分身體可以轉化為金錢，那麼，也許一切皆可以金錢化。或許，這個世界已經準備好，要迎接全面商品化的時代了。對某些人來說，你的時間、你的身體、你的心理健康，一切都是可以供人隨便拿取的。你的價格是多少呢？早在這個醜陋的問題，完全顯現在我們這個世紀以前，梭羅就已經看到了它的輪廓。事實上，他在尋找合適地點，準備建造自己的森林小屋時，就直面過這個問題了。其實，瓦爾登湖並不是梭羅的首選建屋地點，「弗林特湖」才是。然而，這片水域有一個嚴重的問題——它的所有者，是一位名叫弗林特的農夫。金錢竟可以買下森林、海岸、水域和天空（像這樣一個新英格蘭池塘，天空就在水中），這個現實令梭羅感到震驚不已。「**弗林特湖！**我們的命名方式是多麼貧瘠啊。那位又髒又蠢的農夫，只因為他的田地靠近這片水域，還殘忍地把湖岸樹木砍得精光，他就有權利，用自己的名字來為這座湖命名嗎？」梭羅語帶輕蔑地說。[10]愛上一個美麗的地方，並因此稱其隸屬自己，這是一回事；但基於某種任意的財產主張，而限制他人進入這一處自然美景，則是完全不同的另一回事。

這個「弗林特」到底是誰？梭羅簡單明瞭地形容：「有些一毛不拔的鐵公雞，更喜歡的是硬幣反光的表面，還有那晃眼的分幣，在那上面看得見他自己無恥的嘴臉。他甚至把定居在這裡的野鴨，視為入侵者。他的手指，由於像鳥身女妖一樣長期抓扒獵物，已經變成嶙峋、彎曲的利爪——所以，我不承認那個湖名。」[11]看來這位「弗林特」忙著賺錢，鮮少有時間去造訪他購買的湖泊。根據梭羅的說法，他從未好好看過此湖一眼，從未在水中沐浴，從未保護過它，從未愛過它，也從未「感謝過創造它的上帝」。[12]弗林特一心所想的，只是這個保護區的「金錢價值」，而由於它並不值錢，在他看來，這片地產真的是一無是處。事實上，若他賣得掉水底的爛泥，他會馬上排乾湖水。「我不尊重他的勞動，」梭羅怒斥，「在他的農場裡，每樣東西都有標價。」[13]

這正是金錢化與市場化，所導致的極端虛無主義——每樣東西都可以拿來交易，也都可以被取代。梭羅以預言一般的文字，向我們展示出這樣一個有如怪物的人：「只要能撈到一點什麼，他甚至會把風景和上帝，都拉到市場上賣。他去到市場，其實就是**為了**他的天神。在他的農場，沒有一樣東西能自由生長。他的田地沒有穀物，他的草地沒有鮮花，他的果樹沒有果實，而只有金錢。他愛的不是果實的美，對他來說，果實只有在變成錢的時候，才算真正成熟。」[14]

在瓦爾登湖畔，梭羅試圖要轉換這種心態，但這個嘗試僅只成功了一部分。此湖的「冰權」，被賣給了佛雷德里克．杜鐸（若說新英格蘭有強盜大亨的話，非杜鐸莫屬），他雇用了上百名愛爾蘭工人，在寒冬季節，每天從湖中收割上千噸的冰。梭羅對這些工人，抱有一種既欽佩又憐憫的情感，但他鄙視都鐸，說他剝去了此湖僅剩的斗篷，只為了在他的五十萬美元上面，再蓋上一層。在梭羅的一生中，像弗林特和都鐸這樣的思維方式，迅速成為了美國對經濟，以及對整個世界的主導觀點。

回到愛默生的「補償」概念，很明顯，梭羅是在強調施與受系統中，以下兩個概念的關聯：實際的工作成本；與工作成本有關的金錢利益。在工作環境中，報償不僅僅是獲得報酬，或得到更多的錢，它還關乎計算——計算你為了賺得這份薪水，而放棄的東西。你賺得的錢，是為彌補你所花費的時間，但還有更深層的換取意涵，因為你所失去的，往往還包括你的自由、你的自尊，以及你在夜裡的安眠。倘若這聽起來很戲劇化，梭羅可能會告訴你，事實正是如此。在他那個時代，康科德周圍的農場，都占地甚廣；留存至今的房舍，現在看來就顯得更龐大了（卡格就住在其中一棟）。生活在這樣的地方，有其顯著的生存成本。梭羅的日記裡，記錄了這麼一個悲哀的悖論：即便有錢並過著富足的生活，人卻還總是深感匱乏。這種匱乏，並不僅僅是物質欲望的永不饜足這類佛教意義上的匱乏。

梭羅從未想要一個大農場，因為他太清楚，維持一座農場需要花費多少時間和精力，而這些時間和精力，可以用來享受生活的樂趣。在文論《沒有原則的生活》（或許，也可以簡單稱為《沒有工作的生活》）中，梭羅寫道，「生財之道，幾無例外就是向下沉淪之道。做任何事若只是為了賺錢，那才是真正的懶散，或者還更糟。如果勞動者除了雇主所支付的工資以外，再無更多的收穫了，那他便是遭到了欺詐——是他自己，欺詐了他自己。」[15]

請注意，梭羅所謂的「向下沉淪」，指的並不是降職或解雇。他指的是最糟糕的沉淪方式——你變得愈來愈不像是你自己了。隨著一個鐘點接一個鐘點的換取，你變得與自己愈來愈疏離。梭羅為我們耐心解釋大多數工作所導致的沉淪生活：「如果你想藉寫作或演講賺錢，你必須要很受歡迎，而這是墜崖式的向下沉淪。讓大眾最樂意花錢的業務，實行起來也最令人不快。你領錢去做的事，就是不把自己當人看。」[16]

對我們之中最「成功」的人，梭羅也一視同仁：執行長、業界領袖、頂尖律師、全明星運動員。矛盾的是，外在地位的提升，往往也意謂著內在的沉淪；即使是歷史名流和國家偉人等級的榮耀，也可能只是廉價的報償。正如梭羅所說的：「州政府對於有能者的獎勵，一般也沒能更高明。就連桂冠詩人，也寧願不必為了皇室偶發的事務，而被遣去歌功頌德，於是得送一大桶酒做賄賂，他才肯上路。或許他猶不肯上路，因為已有另一位詩人，願意中斷與繆思的約會，前來同估酒桶的深淺。」[17]

好吧，現在你可能會有點犬儒、也有點理解地問：梭羅的工作，就真的那麼高尚、那麼啟發人心嗎？不，並不是。「至於我個人的職業，就算是做起來最讓我滿意的測量工作，我的雇主也不想要。他們要的只是我把工作草草做完，別做得太好，不，該說是連做得夠好都要我避免。當我發現，有不同的方法可以測量時，我的雇主通常會問，哪一種測出來的土地面積最大，而非哪一種最準確。」[18]對於他的準確和創新，對於他的「正確」，梭羅得到的報償，是不以為然的聳聳肩，外加精神上的打擊。「有一次，我發明出一種用來測量堆積木材的尺，而且打算引進波士頓。不過，波士頓的測量員告訴我，賣方並不希望他們的木頭被測量得這麼精確——他說，賣方嫌他已經精準過了頭，故而他們平常會在過橋而來之前，先在查爾斯頓自己把木頭測量好。」[19]於是，讓我們用最清楚的方式這麼說：梭羅若把工作做得不好，甚至故意欺騙，反而會得到更多的報酬。測量木材的目的，並不是為了準確，而是為了盡快提升自己的利潤。

如果你對自己的工作沒有一絲自豪，金錢就是空洞的——有用，卻空洞。如果你的人生沒有更高的目標，金錢就是空虛的。「勞動者的目標，不該是想要糊口、想要找個『好工作』，而該是把某些事做好。即便在金錢的意義上，城鎮官員如下的做法，也不算是鋪張浪費：支付勞動者很高的工資，讓他們不會覺得自己是為了低下的目的而工作——比如只是為了生計——而是為了科學的、甚或是道德的宗旨。」[20]付給勞工「很高的工資，讓他們不會覺得自己是為了低下的目的而工作。」請花點時間，想想這一點。支付人們「很高的工資」，而讓他們的工作，看似朝向更高的目標，這是什麼意思呢？對某些人來說，無論給多少錢，都無法讓他們現有的工作充滿意義。當然，他們不會介意拿到七位數的薪酬，但這不會讓工作本身變得有意義，只會變得極為安逸。這不是對工作的救贖，而只是使人更能忍受工作。對某些人來說，金錢與工作無關。這並不是說他們不需要錢，也不是說他們不喜歡更多的錢，而是說，金錢本身並不是他們做這些工作的**原因**。更確切地說，他們之所以做這份工作，是出於愛——愛國家、愛技藝本身、愛他們所幫助的人，凡此種種。

梭羅最關注的，正是這種更重要的、非金錢形式的報償。「人若賺得全世界，賠上自己的生命，有什麼益處呢？」[21]這句聖經中的告誡，讓世俗的利益，與靈魂的美善形成鮮明對比。梭羅呼應了這個古老的觀點，並以某種近乎聖經般的命令，將我們的靈魂及其更高目標，置於工作情境中思考：「別雇用為了錢而替你工作的人；雇用喜愛這份工作，而為你效勞的人。」[22]

每年，我們都會教授哲學概論，其中包括梭羅和蘇格拉底的作品。梭羅心中的英雄蘇格拉底，生活在距今大約兩千三百年前，以拒絕薪酬而聞名（或惡名昭彰）於世。柏拉圖以《申辯篇》（*Apology*）這部對話錄，記述了雅典公民審判蘇格拉底的過程，其中，蘇格拉底談到了有關他以知識換取金錢，甚至以美德換取金錢的流言。蘇格拉底駁斥這些流言，並將自己，與人稱辯士學派（sophists）的群體作出區別。蘇格拉底和柏拉圖都認為，辯士學派是彼時世上最糟糕的牟利者，他們將自己的無礙辯才和華麗辭采，賣給了富有的雅典人，而蘇格拉底拒絕這麼做。有一天，我們的一位學生，問了一個或許每個人心中都會有的疑問：

「如果蘇格拉底真的那麼聰明，他為什麼不去賺點錢呢？」

另一位學生接著說：「因為他的課程一文不值。你知道，就是沒有任何價值。」

我們愛我們的學生，真的。他們的問題發自肺腑，那是許多受人尊敬、處事圓滑的成年人都鮮少探察之處。我們教書的薪水並不多，這意謂著，我們可以自在地導正視聽：或許蘇格拉底拒絕接受報酬，是因為他的課程是無價的，你知道，無價之物無可標價；也有可能，蘇格拉底不想被報酬給左右，不想被顧客的需要、老闆的要求、或市場之手給操控——那隻手號稱看不見，卻指導了市面上的思維與產品。人們常誤會蘇格拉底和梭羅極端不切實際，因為他們經常拒斥有關薪酬的想法。

這種以為哲學並不務實、哲學家人人都貧窮的刻板印象，歷史極其悠久，甚至比蘇格拉底還古老。然而，在不務實與貧窮的表面底下，卻隱含一種對資本力量的拒絕。資本力量試圖拉攏與控制我們，並永遠使我們只關切當下，而無法關切深刻而持恆的事物。透過閱讀所有古希臘哲學家的著作，梭羅將這一點牢記於心。柏拉圖著名的學生亞里斯多德，講述了一個關於前蘇格拉底時代哲學家泰利斯的故事。泰利斯很窮，常遭人取笑，是他的哲學生活致使他貧困。如亞里斯多德所述：

> 有一則關於米利都的泰利斯如何致富的逸事，這個賺錢的計畫，是他憑藉智慧而制定的，人們便將這個故事歸於他的名下……作為哲學家，他曾經因為貧困而備受指責，人們譏諷哲學無用。泰利斯利用自己所學的天文學知識，觀察到來年的橄欖一定會大獲豐收。於是，在冬天時，他籌集了一小筆資金，預先租下了

> 米利都和希俄斯的榨油坊，由於當時無人與他競爭，他以極低廉的價格租到了所有榨油設備。當橄欖豐收的季節來臨，一時間，人人紛紛需要榨油機，於是他可以隨意決定租金，從中獲得了極為可觀的一筆錢。他向世人證明，哲學家並非不懂得賺錢，只是他們的志向並不在此罷了。[23]

梭羅和泰利斯一樣，也能解讀自然世界，但他並不想利用自己的知識，去租賃橄欖榨油機，或者，在康科德投機買賣蘆筍、玉米或木材。部分原因，是他看重的是意義，而非金錢，但實情並不僅是如此簡單。我們認為，這還關乎一種渴望——期待能辨識出生命裡，真正驅動我們的是什麼；而金錢，往往只會以強烈且不可逆轉的方式，模糊了這種判斷。讓我們回到梭羅的話：「我們不應該為了錢而工作，而是應該為我們熱愛的事物而工作。」又來了，一個過於簡化的陳腔濫調。不過，簡化並不見得就簡單，例如philia這個關於「愛」的古希臘語詞，特別指一種深厚的友誼，或兄弟般的情誼。並肩作戰的士兵們，可能會形成最深厚的philia，深厚到在這種愛的力量下，每個人都願意為了對方而死。現在，事實很明顯：當你在工作時，你也正在消耗生命。事實就是這樣。但你的工作，是你最深愛的那種工作嗎？是那種深愛到你願意為它犧牲生命的工作嗎？有多少工作值得這樣的犧牲呢？最終，當你回顧自己的職業選擇時，你會感到滿意嗎？還是會發現，你已經為了銀行帳戶，犧牲掉自己的靈魂（以及有限的時間）？

當我們對報償進行反思時，若沒有提到那些真正的淘金者、趨炎附勢之人，或是為了多賺幾塊錢而孤注一擲的投機者，反思將會顯得格外不完整。在個人最著名的文論之一，梭羅反覆提及這類人，態度混雜著憐憫，與一種徹底的輕蔑。這篇文論初稿名為《謀生》（*Making a Living*），在一八五〇年代重寫後，最終以《沒有原則的生活》為題發表。有關個人獨立性——與現代工作和資本的耗損力形成對比——這或許是梭羅寫過的、最為精簡的一次觀點總結。

在讀完一則關於澳洲淘金潮的故事之後，梭羅寫道，他想像自己如故事所述，挖了一百六十英尺深的洞，卻因一英尺之差，而錯失無價的礦脈，沒有察覺寶藏，就在他的營地正下方。當挖掘沒有斬獲、距離財富僅僅幾英尺時，梭羅彷彿看見工作夥伴們「一個個都變成惡魔」，日以繼夜，浸在及膝深的水裡工作，摧毀土地以及他們自己，直到他們全都倒下，「死於風雨、死於疾疫」。[24]梭羅繼續寫道：然後，有一個「幸運」的傻瓜，他真的找到了一大塊黃金。太好了！或者不好了。因為「那個挖到重達二十八磅大金塊的人……很快便開始酗酒；他還買了匹馬，騎著馬到處跑，」若在路上碰見人，他便大聲問對方，認不認識他是誰——換句話說，他就是個非常有錢的蠢貨。然後，這個傢伙從此過著幸福的生活，還找到了上帝；或者，如梭羅準確描述的，「末了，他騎著馬以全速撞上一棵樹，差點撞了個腦袋開花。」[25]大多數人認為，這名淘金客就是個廢物——我們承認，只要是人，就有自行報廢的危險。「這人完了，無可救藥了，」梭羅寫道，重複了一位目擊者的話。[26]這就是對報償極度失衡的認知，所導致的慘劇。

顯然，還有更糟的例子，梭羅對此再清楚不過了——例如：巴拿馬和哥倫比亞的盜墓賊。美洲的採礦業與現代帝國主義狼狽為奸，絲毫不以挖掘滿是財富的古墓為恥。「死者為大」這句話去死吧！墳場自有黃金屋。在一八五〇年代，梭羅眼睜睜看著生與死皆遭褻瀆，僅為了找到一百萬元，或哪怕只為一塊錢。梭羅乾巴巴地引用一位論壇報記者的話，他在報導參與這項「事業」的最佳方式時，提出了一個不帶嘲諷的忠告，報導中這麼寫：「上好的一把十字鎬、一把鏟子、一把斧頭，幾乎就是你所需的一切了。」[27]梭羅從相當於現代提供本日要聞的八卦雜誌中一則廣告上，得知了這些事。這份對潛在盜墓賊的邀請，僅附帶了一行小小的警語：「如果你在故鄉混得不錯，」廣告上印著，「**那就待在那裡**。」梭羅覺得這句話真正的意思應該是：「如果你在故鄉，就能靠盜墓混得不錯，那就待在那裡。」[28]額外的旅程是完全沒必要的。如果你為了錢而盜墓，無論你是在家鄉盜還是在異地盜，梭羅好心地建議，你都可以去死了。

如果所有這些關於為了金錢或報償而失去靈魂的討論，讓你覺得荒謬或誇張，那麼，讓我們換一個稍微不同的方式來討論。一個沒那麼說教的方式。

當你每個月領到薪水時，你的雇主，是為了你所完成的任務而付你薪水，但同時，你領的薪水，也招致經濟學家所謂的「機會成本」問題。機會成本，指的是當你花時間在特定某個工作時，你因此而未做的所有其他事情的成本；是你因此而放棄的，所有其他機會的成本。當你「只為了錢」而工作，你等於是將你自己、你的時間、你的自由，都賣給了出價最高的人。我們認為，當梭羅說在職涯中，你「出賣你的靈魂」時，這可能正是他想表達的意思。我們的朋友法蘭克，在一家大型貨運公司擔任人力資源主管，年薪超過二十萬美元。某天晚上，幾杯黃湯下肚後，他突然淚流滿面，泣訴一個甚至是對自己都很少說出口的祕密：「從十多歲起，我就很想要當一個塗塗抹抹的人（painter）。不是藝術家那種painter。你知道，就是一個粉刷房屋的油漆工（painter）。」真的嗎？是的，是真的。這可能是因為嚮往戶外工作環境，或是因為成就感比較具體，或者，還因為某些我們至今仍無法完全理解的理由。然而，明瞭法蘭克一生的夢想，並不是重點。重點在於：他擁有過這些夢想，但他的六位數薪水，已使這些夢想遙不可及。法蘭克接受了這種最終的報償交換，也就是說，我們的工作付錢讓我們放棄了自己最珍貴的東西——我們的潛在可能。報償理論上，就是要償付我們現存狀況的機會成本。

談到「靈魂」時，梭羅至少間接地提及對他而言，我們每個人身上最本質的、也最美麗的能力。正是這種極其獨特的能力，使我們能夠與世界的可能性周旋，並且，也能夠以提升及鼓舞自己的方式，真正活在當下。他所說的，正是充分善用我們的時間，而這就是有靈魂的工作。因此，當我們在工作中失去「靈魂」時，我們也就失去了善用自己有限時間的能力，失去了發揮創造力的能力，也失去了對自己生命負責的能力。

法蘭克擦乾眼淚，解釋自己年紀太大了，已經老到無法辭去他的人資工作，也老到無法從事房屋粉刷的事業時，我們建議他，可以等到退休之後，等到六十歲以後，再開始做油漆工作。他看著我們，一副彷彿我們瘋了的樣子：「你是說，你要我六十歲時還得爬梯子，在鷹架上晃來晃去嗎？」這的確是個愚蠢的主意，就跟我們應該拚命工作、賺大錢，這麼一來，我們就可以在瀕臨死亡時，好好享受退休生活的想法一樣愚蠢。親愛的梭羅，早在大約一百五十年前，便搶先一步指出：「耗費人生最美好的時光去賺錢，只為在人生最沒有價值的時光中，享受不確定是否可以實現的自由，這種做法讓我想到一個英國人，他先去印度賺錢，為的就是將來能回到英國，過著詩人般的生活。他本應該立刻住進閣樓的。」[29]

梭羅的工作生涯中，最偉大的成就之一，是他在瓦爾登湖所做的那些工作。不久以前，哥哥之死，在他腦中時刻縈繞不去。死亡近在眼前，彼岸卻猶然朦朧，而一天一天，梭羅繼續工作著。我們之中，有多少人會繼續工作，直到可能的臨終日呢？其實，每個工作日，都可能是我們的最後一個工作日。或許，以正確的方式工作，是面對黑暗迫近的唯一恰當回應。到了人生的終點，無論是金錢還是名聲，我們通通無法帶走。有時候，有些表達被過度使用，僅因為它們如此真實。且讓我們，回想梭羅最喜歡的詩作之一，對工作之真確意義的一曲讚頌——維吉爾的《農事詩》。且讓我們銘記其中，梭羅最珍視的詩句必定是：*rura mihi et rigui placeant in vallibus amnes, flumina amem silvasque inglorius*。「願我的喜悅是在鄉村裡，是山谷間流淌的溪流；願我愛上這片水域和森林，儘管失去了名聲。」[30]工作生涯中最悲哀的事莫過於，當生命走到盡頭，銀行帳戶終於充盈，我們卻在這時才發覺——以梭羅在《湖濱散記》中的話來說——自己從未真正活過。

注解

1 Ralph Waldo Emerson to Evert Augustus Duyckink, March 12, 1847, in The Selected Letters of Ralph Waldo Emerson, ed. Joel Myerson (New York: Columbia University Press, 1997), 317.

2 Henry David Thoreau to Harrison Gray Otis Blake, February 27, 1853, in The Writings of Henry

David Thoreau: The Correspondence, vol. 2, 1849–1856, ed. Robert N. Hudspeth, Elizabeth Hall Witherell, and Lihong Xie (Princeton, NJ: Princeton University Press, 2018), 140.

3 Henry David Thoreau, Walden: A Fully Annotated Edition, ed. Jeffrey S. Cramer (New Haven, CT: Yale University Press, 2004), 319–320.

4 同上，11–12, emphasis in original.

5 同上，56–57.

6 Henry David Thoreau, "Resistance to Civil Government [Civil Disobedience]," in Essays: A Fully Annotated Edition, ed. Jeffrey S. Cramer (New Haven, CT: Yale University Press, 2013), 159.

7 Thoreau, *Walden: A Fully Annotated Edition*, 14.

8 同上，143–144.

9 同上，89.

10 同上，189.

11 同上。

12 同上。

13 同上，190.

14 同上。

15 Henry David Thoreau, "Life without Principle," in Essays: A Fully Annotated Edition, 349.

16 同上。

17 同上。
18 同上。
19 同上。
20 同上，350.
21 馬可福音8:36.
22 Thoreau, "Life without Principle," 350.
23 Aristotle, Politics, 1:1259a, trans. Carnes Lord (Chicago: The University of Chicago Press, 2013), 20.
24 Thoreau, "Life without Principle," 354–355.
25 同上，356.
26 同上。
27 同上，356–357.
28 同上，357.
29 Thoreau, Walden: A Fully Annotated Edition, 52.
30 Virgil, Georgics, 2:485–486, in Virgil in Two Volumes, vol. 1, Eclogues, Georgics, Aeneid I–VI, trans. Henry Rushton Fairclough, Loeb Classical Library (Cambridge, MA: Harvard University Press, 1986), 149–151.

第九章　合作夥伴

我們兩人都可以獨力寫出《在工作裡，我們活得有意義》。這麼做或許不會那麼快、那麼容易、那麼有趣，甚至那麼有意義，但我們也許仍會繼續寫下去。事實上，獨力寫書的理由，似乎很充足。為那些樂於思考、熱愛自然的讀者們出版書籍，是一門生意，雖然賺到的錢，不會是天文數字，但也並非微不足道；而任何的正整數，無論多小，只要除以二，總會比原來的數字本身小得多。名聲和榮耀也是如此——總是必須與合作夥伴分享成就。討人厭的是，尤其是在現代藝術和文學中，還存在著一種反對合作的偏見，讓所謂的「對隱世天才的崇拜」這種觀點，得以延續下去。這種觀點強烈主張，作家和藝術家必須以自己的鮮血，來進行創作。乍看之下，梭羅似乎發起了許多個人計畫，因此，他輕易就能成為「天才隱士」的守護神。但第一眼幾乎總是不準確的，而再仔細審視梭羅的工作生涯，你會發現，他屢屢依賴合作夥伴，也很願意成為一名合作夥伴。關於合作的最好與最壞情況，他都進行了謹慎的哲學反思，而這，也是我們決定共同撰寫這本書的原因之一。

梭羅的周遭，充斥了愈來愈多的工作場所——從洛厄爾的工廠，到塞勒姆的造船廠——許多、許多的工人，在狹窄的空間裡一起工作。遺憾的是，近距離一起工作，並不足以構成有意義的合作。在大型倉庫裡負責駕駛升降機的賈馬爾說：「我根本不知道誰是誰。我只想著不要撞到任何人。我只想達成規定的任務。」在許多辦公室和工廠裡，人類就像自私自利的無人機一樣運作（是的，現代資本主義解決了這個悖論）。凱薩琳是一位「網路效能管理」產業的業務代表，她與其他一百多名同事，共用同一個樓層，樓層分為八個「車廂」（集群辦公桌的術語），每個人，每天都要撥打一百一十通的推銷電話，年薪二萬八美元。最近，她跟我們概述了她的工作狀況：

「剛開始工作時，你會感到格外難堪，覺得自己就是個娼妓——你得先做完一筆交易，才能得到一副耳機。整個團隊看起來齊心協力在運作，但我們每個人都只顧自己。你達成業績，不然你就滾蛋。我是說真的。」

她深吸一口氣，搖了搖頭，然後吐出一長串咒罵：「有時候團隊業績沒有達標，就算某個車廂表現得非常好，他們也還是會開除每個車廂裡業績最差的那個人。基本上，就是要讓大家互相仇視。真可惡！」

這並不是最理想的合作模式。梭羅的烏托邦朋友們（像是一八四〇年代，創立布魯克農場的喬治．雷普利；或像是在果園公社開始短暫集體生活實驗的愛默斯．布朗森．奧爾柯特）都深知這一點，並嘗試組織一些合作模式，以對抗這種形式的疏離感。他們的烏托邦工作，至少有一定的規範和指導原則，目的是讓集體能夠以實際的方式，真正造福其成員。在當時，這個問題仍是開放的：人類如何能夠達成最佳的合作？像雷普利和奧爾柯特這樣的烏托邦主義者，都試驗過各種解答。而梭羅則得出了一個確切的結論：當我們有意識地生活時，我們最能共同合作。這個結論，對於我們如何能成為更好的合作夥伴、或是如何選擇更好的合作夥伴，似乎並沒有帶來什麼指引。但如果我們觀察梭羅是如何工作的，這其實相當具有啟發性。

在有意識的合作中，沒有人會感到分心或無聊，沒有人會偷工減料或互相貶損，也沒有人會說謊或奉承。合作夥伴會保持專注，並且會思慮周全地投入，將一項工作好好完成。梭羅就是以這樣的方式，與他的哥哥約翰一起創辦了中學，與錢寧一起琢磨各自的詩意計畫，與他的父親一起研發創新鉛筆，與愛默生一起發展超驗主義，與莉迪安．愛默生一起照顧愛默生家族，與培瑞茲．布拉德（Perez Blood）一起測量麻薩諸塞州的土地，並與切冰工、伐木工、漁夫、水手和律師一起，展開各種集體計畫。在上述所有計畫中，梭羅與合作夥伴有意識地建立起的關係，往往優先於他們各自的勞動成果。

在最好的情況下，合作會變成真正的友誼，梭羅認為這極為罕見，因此，也極其珍貴。戀人們經常在工作中相識，是有其原因的：並不是因為他們工作繁忙，所以沒時間跟其他人約會；而是因為有意義的、有意識的合作，構成了兩人或更多人之間的誠摯關係。在梭羅的觀點中，所謂合作，是彼此發展出深厚的連結，並將此連結導向共同的目標（這看起來很像長期的友誼，以及某種蓬勃發展的關係）。這與亞里斯多德的主張，並沒有太大差別。亞里斯多德主張，理想的友誼是在培養個人的能力，使其得以追求道德目標。就此而言，共同目標總是一份「好工作」。

當我們回想工作夥伴時，非常可能，我們想起的會是那些在工作結束後，一起喝啤酒的夥伴；也就是會記得在日曆上，標注我們生日的那些人。或者，我們會想到那些幫我們爭取加薪、或在老闆面前罩我們的人。是的，這些關係或許當下感覺是重要的，但梭羅溫和地指出，有些非常重要的東西，可能被忽略了。他寫道：「人們所謂的社會美德，通常不過是一群豬，窩在豬窩裡相互取暖的美德。這使人們成群結隊地聚在酒吧裡、或其他地方，但這不配稱為美德。」[1]從亞里斯多德到朋友兼合作夥伴愛默生，梭羅跟隨許多思想家的思路，他應該會觀察到，工作中的「社會美德」往往落入兩種非常不盡如人意的類別其一：或者是基於利益，或者是基於樂趣。

讓我來說一下，什麼是有利的同事關係。在成為哲學家之前，約翰曾在一家男裝店工作；他的好朋友兼同事，南，是一位六十多歲、穿著泰波姿（Talbots）品牌服飾的奶奶。她每天早上都幫約翰打卡，時間通常是在他抵達前的一小時。接下來說說什麼是快樂的同事關係：在南生日當天，約翰為她做了一個德國巧克力蛋糕，上面還灑上他親手刨的椰子絲。這聽起來還不錯，但實際上也沒那麼「好」。如果共同工作的關係，僅僅在於服務和樂趣的交換，那麼，這段關係仍舊極其脆弱。最終，南厭倦了替這個懶小子掩護，而這小子也開始惹上麻煩。後來，南再也沒收到過巧克力蛋糕。衣服賣出去了，店也打掃乾淨了，但都是以最消極的方式完成。南要搬去匹茲堡與兒子同住時，她和約翰甚至沒有相互道別。

相較之下，想想梭羅和愛默生，還是很有幫助的。他們常常體現出最佳的合作模式；他們的目的，則在於透過彼此交流的思想，以及相互依存的書寫，來提升生活事務的意義。畢竟，愛默生點燃了梭羅的激情，使他從一八三七年十月起，開始寫日記。在接下來的幾年裡，愛默生開始整理演講的手稿，而梭羅一直是他的忠實夥伴。

一八四一年，愛默生寫道，亨利「來與我同住，與我一同在花園工作，他教我如何嫁接蘋果。」[2]作為園藝服務的回報，梭羅可以自由使用愛默生的圖書館。但更重要的是，他們的交流很快變成一場思想的碰撞。愛默生在《論自立》一文中描繪，「有一個健壯的小伙子……輪番嘗試各種職業，**駕過馬車、種過地、當過走街串巷的小販、**辦過學校、當過牧師、編過報紙……像貓一樣，跌落時沒摔倒，兩隻腳還是站得穩穩的，比那些城市的平庸之人強上百倍」。正如梭羅傳記作者勞拉．達索．沃爾斯精闢指出的，這段話的靈感來源，正是梭羅。[3]這位「健壯的小伙子」，在愛默生的家庭中，長成一名思想家和勞動者。用他老師的話來說，他展現出自己是「一個高尚的、成熟的青年，富有協調力與創造力」。[4]雖然前面已經說過了，但在討論合作的脈絡裡，這段話值得再重複一下——提到與梭羅共度的時光時，愛默生說：「白天，我們一起在我的花園裡工作，我變得健康而強壯。」[5]從愛默生身上，梭羅則汲取了靈感，並且，至少有好一段時間，也得到了無條件的支持。他們兩人，一起接手、並合編（由梭羅主導）了一八四二年十月號的《日晷》（*The Dial*），這份瑪格麗特．富勒的超驗主義雜誌期刊。儘管結果差強人意（錯字和印刷錯誤比比皆是），但在愛默生的默默支持下，該期刊的十月號，刊登了梭羅的八首詩作。

應該說，與他人「有意識地」合作，並不是一件天生就會的事——對任何人來說都是如此。人類往往是自私的、善變的小野獸，受社會和經濟體制餵養長大，而這些體制，不太能抑制他們的自然傾向。在梭羅的詩發表後——由於愛默生允許這些詩作刊登，富勒將他罵到臭頭——愛默生也開始批評起自己門徒的作品，並在日記中寫道：「純金尚未鍊成。」[6]梭羅因愛默生的反應而備感沮喪。友誼來自於誠實和溫柔，這是愛默生的名言，但有時溫柔極其難得。這一次，另一位合作夥伴利迪亞・愛默生，選擇站在梭羅這一邊，她力勸丈夫，教導這位年輕人如何演講，並幫助他靠自己的聰明才智謀生。這件事後來沒有實現，但當梭羅最終決定去瓦爾登湖生活時，他詢問了愛默生的意見，而正是愛默生，提供給他湖邊的那塊地。一八五三年，梭羅情緒低落、沒有工作的時候，愛默生提供了一百美元給梭羅和錢寧，請他們編纂一本三位作者合著的選集，名為《鄉村漫步》（*Country Walking*）。合作的念頭總是縈繞在這些朋友心中。

愛默生在為梭羅寫的悼詞中，表達了他認為梭羅缺乏野心的看法，但同時，也反映出他對這位多年以來一直在他身邊工作的朋友，深切且持恆的敬意：「這個國家還不知道（或者僅知些許），她失去了一個多麼偉大的兒子。她看來是受傷了，因為他驟然離去，留下未完的任務，卻無人可以代替他完成。」[7]有趣的是，梭羅的任務完全屬於他自己，這是事實，但若沒有審慎的合作夥伴從起點一起努力，它永遠不可能以如此獨特的方式開花結果。梭羅所承擔的任務——「有意識地生活」——得到其他做著相似之事的人的支持。愛默生以外，還有許多思想家和勞動者，都曾有意識地生活，而如今，他們只存在於書本中。梭羅明確意識到這一點，並且不斷尋求輔助。為了這些輔助，梭羅轉向了悠久的過去。

希臘詩人荷馬、古羅馬詩人維吉爾、《吠陀經》的作者，以及許多其他人，幫助梭羅完成了他認為必要的工作。這些人，都是他的合作夥伴。對梭羅來說，歷史是一個活生生的計畫——在其中，古代與現代的真理，幾乎並行不悖；「東方」和「西方」，也不可截然二分。梭羅在日記中寫道：「我們閱讀世界歷史時，一個世紀的時間對我們而言，似乎價值不多。而我們發現，我們曾經懷疑過，希羅多德看待自己出生前的一百年，是否像我們如今看待一百年前那樣感覺如此古老。我們傾向於認為，生活在公元前五百年內的所有羅馬人，都是彼此的同代人。然而，無論是彼時或現在，時間，都以同樣的從容步伐流逝。」[8]接著，梭羅提及西元七十九年去世的古羅馬作家老普林尼（Pliny the Elder）。在其時代裡，老普林尼也曾思索過蓋約．格拉古

（Caius）、提比略・格拉古（Tiberius Gracchus）、西塞羅（Cicero）、奧古斯都（Augustus），以及維吉爾所在的古老年代。古人試圖想像他們的古人，正如我們如今所做的那樣，也正如我們的後代將會做的那樣。

「兩百年前……在我們的想像中，幾乎跟兩千年前一樣遙遠。」梭羅寫道，這句話佐證了我們貧瘠的想像力。[9]舉例來說，我們回溯古埃及時，我們往往無法體會深遠時間的真正意義，在其中，千年時間如地質活動般徐徐前行。然而，透過對自然持續且富有創造力的深思，我們可以打開這些厚重的時間皺褶。憑藉更敏銳、更好奇的關注，我們可以讓他人（無論是生者或死者）的生活，對我們來說，都變得更加真實。請想想盧克萊修（Lucretius）、馬可・奧理略（Marcus Aurelius）、奧古斯都和使徒保羅（Paul the Apostle）這些人，相較於建造吉薩大金字塔（Great Pyramid of Giza）的年代，他們生活的時間距離我們更近。或者再想一想，當吉薩大金字塔建成時，在北極海的弗蘭格爾島上，還有一小群長毛象倖存。在瓦爾登湖畔，梭羅有時會玩味類似的想法，這些想法不僅喚醒了我們，也喚醒了那些死去之人。透過重新激發的想像力，梭羅感覺自己鮮活地，存在於歷史的每一個當下。「大地不只是死去歷史的碎片，彷彿它的地層壓著地層，像一本書的書頁，主要等待地質學家和考古學家的翻讀。它毋寧是活絡的詩，像一棵樹的樹葉，預告花朵的綻放，果實的成熟。大地不是化石，而是生命。」[10]

然而，這裡也存在一個同等且相反的危險——那就是忘記當下的生命。梭羅作品中，有一個主要論題，即如何能將過去的神聖靈光（aura），同等地運用在當下時刻。我們往往會以一種過譽的方式，誤解了古代世界，甚至未來世界，與此同時，卻忽略了我們當前生活中的神聖豐富性。今天是個灰濛濛的日子，與奧瑪亞王朝的英勇無畏和橫掃千軍相比，實在有夠無聊！待在家裡看網飛（Netflix）追劇算什麼，比得上在現場目睹攻陷迦太基的大西庇阿（Scipio Africanus）班師羅馬嗎？梭羅問道：「究竟為什麼，人們通常只透過常識以及一般見解，來感知實存的和當下發生的事呢？這會讓當下與實存，顯得露骨且直接，也使我們看不見其間的光暈或釉彩。但若是過去或未來的事，人們會立即將它理想化。」[11]歷史彼端的草，總是比較翠綠。這也適用於我們對人的看法（或者，我們是這麼告訴自己的）：從前的人「更強大」、「更有道德」或「純粹就是比較好」；相較之下，我們周遭的人顯得多麼可悲。「又是**這些**人！噢！我真希望我能活在日本的江戶時代，和武士們一起度日，那該有多酷啊！」

梭羅敦促我們清醒過來，留意過去與現在，並感受兩者的共存關係。「在這個意義上，詩人的能力，是視當下事物，一如視過去和未來，一如視具有宏遠與普遍意義之事物。」[12]藉著運用我們的詩意化能力——不是以寫打油詩或俳句的方式，而是將當下的世界精神化——我們能夠看到自己和同代人，也有其神聖靈光。此外，我們可以一起努力，通過所有時間和所有疆域的輔助，來共同創造更好的生活。只要有豐富的想像力，西塞羅和維吉爾也可以成為我們的合作夥伴（想想詩人但丁：他讓維吉爾復活，成為他穿越地獄的嚮導）；而所有合作夥伴，我們都可以自由選擇。換句話說，我們在工作場所的同事，只是我們一小部分的合作夥伴；其他部分，則分布在世界上的各個角落、各個時代。

好了，這種高尚的情操已經說得夠多了。我們認識不少朝九晚五的上班族，從事各行各業的工作，足以使我們意識到：工作夥伴可以將任何工作（無論多麼賺錢、或多麼輕鬆），變成一個活生生的地獄。我們就別美化這個事實了。於是，我們承認：梭羅並不總是那麼和藹可親的人。事實上，他可能是個相當不討喜的人。「我不得不說，〔梭羅〕是一個正直、認真、勇敢的人，除了最高尚的正直之外，別無其他。」梭羅的朋友納撒尼爾・霍桑（Nathaniel Hawthorne）曾寫道：「然而，他並不是一個討喜的人。在他面前，你會感到羞愧，羞愧於自己有錢、有房子住、甚至有兩件外套可穿，或者，寫出一本大家會讀的書——他自己的生活模式，不留情面地批判了所有其他生活模式，包括世人會認可的那些。」[13]梭羅經常不喜歡他身邊的人，反過來說，他自己也同樣不討人喜歡。那麼，這樣的人在同事眼裡又是如何呢？

首先，很明顯的是，大多數的上班族，都會抱怨他們的同事——特別是抱怨某些混蛋，他們彷彿一次又一次被錄用，就是要塞滿你的辦公室、塞滿你的班表、塞滿你的牢房。梭羅為你提供了充分的出口，讓你宣洩當面對你永遠不會想合作的人之時，你渴望宣洩的情緒。梭羅公然承認你心裡有數的事：這些人都是笨蛋。「這些被我們比作石頭的麻木之人，其實比石頭更冷漠。當我與那些冷酷、粗糙、麻木，而且我毫不同情的人相處過後，我便去與真正的石頭交談，它們的內心相對而言，要溫柔多了。」[14]除了情緒宣洩，梭羅還讓我們明瞭，我們對合作夥伴應有的預期：明顯且有意的支持與關懷，並不是合作的全部意涵；有時候，有意識地與他人合作，還會涉及

（喔，不，是需要）磨擦。

根據愛默生的說法，梭羅在爭論中成長。「好像除了反對，他就感覺不到自己的存在。他希望揭穿謬誤，嘲弄愚蠢。」[15]在他的悼詞中，愛默生引用了另一位朋友的話：「我愛亨利，但我不喜歡他。要握他的手臂，我寧願考慮去握榆樹的手臂。」[16]梭羅從未結婚，也沒有孩子，因此，他從未經歷過為人父親或伴侶關係所帶來的種種成熟。如果因此，你對梭羅談到朋友或合作夥伴關係的能力存疑，或者，如果你覺得他難以令人欣賞，或甚至難以令人佩服，那麼很可能，與其要你認同他，梭羅會更希望你能前往他的湖畔小屋，與他作伴。他會想要和你辯論，就像蘇格拉底一樣。就這點而言，他模仿了蘇格拉底——這位最初的「臭嘴」，赤腳走遍雅典，過著貧窮的生活，而且可說是自願的。

梭羅是個討厭鬼，是討厭鬼那偉大且使人不悅的傳統裡的另一員。如果你認為，自己並不需要任何建設性的批判，也不需要誠實的評斷，那麼，梭羅的煩擾或許不適合你。但是，如果你能忍受他，梭羅就會回報你——就像運動一樣；就像任何稱職的合作夥伴一樣。正是這種不討喜，讓我們對梭羅的生活及作品，感到如此著迷。梭羅戳破了所有「**得過且過**，**委屈求全**」的不成文規定。他說出那些你**想**對老闆和同事說的話，但願你有那個膽就好了。有人可能會說，梭羅的《湖濱散記》是最早的《上班一條蟲》（*Office Space*）。這是一部一九九九年的諷刺喜劇電影，描寫一個男人，輕鬆面對無數的交易紀錄系統報告、審計、傳真、電話，以及整個機械式的辦公室生活壓力。電影中的主角彼得．吉邦斯，對他的老闆們，突然變得直截了當且毫不掩飾，特別是在與「兩位鮑伯」（公司的「顧問」，實為裁員專家）面談時，結果，竟然還獲得升遷。我們大笑，因為我們希望自己也能在工作中這麼肆無忌憚，自由自在做真實的自己。而當我們遇到這樣的同事時，我們會默默會心一笑，並想起梭羅在《散步》中說的：「請野人與我為友伴（也與我為同事），與我為鄰居吧，我不要被文明給馴服的人。」[17]

關於你的同事，就說出你想說的吧，就盡情地、狠狠地抱怨他們吧，但你一生，都無法完全擺脫他們。然而，這終究對你有好處。梭羅經歷工會勞工運動的最初幾十年，他在地下鐵路的工作，可說是最激進的工會主義形式之一：每一個工人，不論膚色或種族，都應該受到最基本的尊重。工作或許是有意義人生的基礎，但它也可能成為剝削與壓迫的溫床。梭羅擔憂奴隸的生活，不僅因為他們遭受的殘暴虐待、成為奴隸本身的屈辱，還因為奴隸被迫做的工作，以及那種工作，對他們身心所造成的損害。

同事會罩你，但不是以那種「一起喝啤酒、嘲笑老闆」的方式。是的，工作可以是一份天賜之物，特別是當提款機顯示「餘額不足」的時候，更是如此。遊手好閒的人容易成為魔鬼的玩物，但工作也可能是極其痛苦的、疏離的、去人性化的。這點不需要兩名哲學家來告知，你的同事們就全都心知肚明。他們，比我們更了解你的工作生活，因為他們自己也置身其中。關於他們，就說出你想說的吧，但在你人生的關鍵時刻，同事們可以讓你活下去，或讓你不至於想去死。我們不是在開玩笑：同事可能真的就像德國哲學家叔本華（梭羅的同代人）所說的，是「苦難中的同伴」。[18] 他們確實幫助我們，度過生活中的勞苦。同事是那些無比珍貴、但有時煩人的同路人，他們與我們一同竭力維生，並且至少，他們理解這樣一種共同的艱難——我們所感受到的全然孤獨。

老子的《道德經》裡，有一段關於孤獨的描述，我們相信，梭羅會樂於呼應：

人之所惡，唯孤寡不穀，
而王公以為稱；

故物或損之而益，
或益之而損。[19]

表面上看來，這似乎是在勸人保持孤獨。的確，這是部分事實，但如果再仔細閱讀，我們會發現老子，其實暗示一種從孤獨中習得的深刻包容性。當損益相生，你會意識到自己是與整個宇宙合而為一。也請留意，「整個宇宙」必然包括你的同事，日復一日，他們也忙碌於日常工作。對老子和梭羅而言，你與你的同事合而為一。下次見到他們時，或許你可以這麼告訴他們。

注解

1 Henry David Thoreau, journal entry, October 23, 1852, in The Journal of Henry D. Thoreau, ed. Bradford Torrey and Francis H. Allen (Boston: Houghton Mifflin, 1949), 4:397.

2 Ralph Waldo Emerson to Margaret Fuller, April 22, 1841, in The Letters of Ralph Waldo Emerson, ed. Ralph L. Rusk (New York: Columbia University Press, 1939), 2:394.

3 Ralph Waldo Emerson, “Self-Reliance,” in Self-Reliance and Other Essays, ed. Stanley Applebaum

(Mineola, NY: Dover, 1993), 32.

4 Ralph Waldo Emerson to Thomas Carlyle, May 30, 1841, as quoted in Laura Dassow Walls, *Henry David Thoreau: A Life* (Chicago: The University of Chicago Press, 2017), 121.

5 同上。

6 Ralph Waldo Emerson, The Journals and Miscellaneous Notebooks of Ralph Waldo Emerson, ed. William H. Gilman and J. E. Pearsons (Cambridge, MA: The Belknap Press of Harvard University, 1970), 8:257.

7 Ralph Waldo Emerson, “Thoreau,” *Atlantic*, August 1862, https://www.theatlantic.com/magazine/archive/1862/08/thoreau/306418/.

8 Thoreau, journal entry, December 8, 1859, in Journal of Henry D. Thoreau, ed. Torrey and Allen, 13:16.

9 同上。

10 Henry David Thoreau, Walden: A Fully Annotated Edition, ed. Jeffrey S. Cramer (New Haven, CT: Yale University Press, 2004), 298.

11 Thoreau, journal entry, December 8, 1859, in Journal of Henry D. Thoreau, ed. Torrey and Allen, 13:17.

12 同上。

13 Nathaniel Hawthorne to Richard Milnes, November 18, 1854, in The Centenary Edition of the Works

of Nathaniel Hawthorne, ed. Thomas Woodson et al. (Columbus: The Ohio State University Press, 1987), 17:279–280.

14 Thoreau, journal entry, November 15, 1853, in *Journal of Henry D. Thoreau*, ed. Torrey and Allen, 5:506.

15 Emerson, "Thoreau."

16 同上。

17 Henry David Thoreau, "Walking," in Essays: A Fully Annotated Edition, ed. Jeffrey S. Cramer (New Haven, CT: Yale University Press, 2013), 268.

18 Arthur Schopenhauer, Parerga and Paralipomena: Short Philosophical Essays, §156, trans. E.F.J. Payne (Oxford: Oxford University Press, 2000), 2:304.

19 Lao Tzu, Tao Te Ching, trans. Stephen Mitchell (New York: HarperCollins, 2006), 42.

第十章

有成就感的工作

「我討厭我的工作。」

「我討厭我的老闆。」

「我討厭我自己——在工作時。」

「工作爛死了。」

一旦腦中有這些念頭，你或許會期待我們向你解釋，我們的朋友梭羅，可以怎樣幫助你一勞永逸地釐清自己的人生目標。很抱歉，這不會發生：不幸的是，關於在你的工作或生活中，找到持恆的意義，並沒有什麼速效的良方。至少，我們還未遇到過。我們之所以深受亨利．大衛．梭羅吸引，是因為他總是帶著幽默和同情，提醒我們現代職場的災難性實況。他就像蘇格拉底的守護神——這個小小天音，存在於老傢伙的腦中，告訴他「什麼**不**該做」。在本書的開端，我們希望介紹梭羅在工作生活中的「為與不為」，但我們充分意識到，我們好像更強調「不為」的部分。避免不道德的工作、無意義的工作、金錢崇拜——避免、避免、避免。但是，與其將梭羅視為一個無趣的說教者，不如想像他是在幫我們樹立一些有用的路標，指引我們，朝向更有意義的工作關係。這才是此書的最終希望。現在，關於成就感和你的日常辛勞，最後，我們還有幾句話要說。

梭羅的代表作並不是《湖濱散記》，而是他持續書寫超過二十年的日記。雜亂、龐大且無法分類（就像梭羅介乎生死之間的一道模糊身影），這部日記，為我們提供如何管理生活事務的線索。某些日子，梭羅顯然一點也不想寫日記：他的記事要不簡短，要不完全空白。然而，日復一日、月復一月，真正的使命還是不斷將他召回。對梭羅而言，選擇寫日記，就是十九世紀實用主義哲學家威廉·詹姆斯所稱的「重大抉擇」；而一個重大的抉擇，是指那些別無二致的、絕對獨特的，與你的生活密不可分的選擇。沒有人可以寫出梭羅的日記，也沒有人，可以做你所找到的、最有意義的工作。當你做有意義的工作時，你會感覺自己，正在執行宇宙專門為你量身定製的任務。我們教書（我們選擇的使命）並不是因為薪資優渥，而是因為我們能給予學生一些別人無法給予的東西：一種特定的風格、一種對學術資料的特定尊重，以及對我們深感特別之學科的特定關懷。

有意義的工作，根據其定義而言，正是無法被隨意取代的工作——這項工作，他人無法以同樣的方式來完成。當然，可能會有更優秀的教師，但他們無法教授我們的某些特定課程。應該說，重大抉擇是那種不能輕易放棄的決定，因為，那同時也就等於放棄了改變人生的機會。與此相反，無意義的工作幾乎總是涉及瑣碎的決定，以威廉・詹姆斯的話來說，這些決定通常是：「當機會不是唯一、當風險微不足道，或當事後證明此舉並不明智時，可以輕易改變的決定。」[1]

對梭羅來說，一頁又一頁地書寫下去是重要的。梭羅寫道，「日記〔是〕一本記錄你所有歡樂和狂喜的書。」[2]保羅來自賓州中部，是一位小鎮藥劑師，為了養家糊口，他幾乎是賣命工作，也常教導他的員工，要「全心投入工作」。他的意思只是「努力工作」，但梭羅可能會更進一步強調，保羅建議中的深刻智慧：有意義的工作，是那種我們全心全意、果斷而堅定地投入，從而找到自我的工作。當你翻開梭羅的日記時，你會發現梭羅這個人（或更確切地說，是他的生命），既充滿光明，也充滿黑暗。梭羅的日記，或許記錄了他的喜悅和感激，但也常常留存了他的哀嘆和懊悔。然而，自始至終，他的日記記錄了一個生命，反映了此人認為有意義的、可怕的以及神聖的事物。無論一個人選擇了什麼樣的職業，只要他曾經盡其所能地工作，總會留下像這樣的紀錄。

所有這一切都在說明，有意義的工作無疑是個人的。是的，這是如此地顯而易見，似乎根本不值得一提。現在，我們可以聽到學生們說：「對啦，我知道啊，我工作時，我就是那個在做這份工作的人，這不是理所當然嗎？」但我們可以向你保證，許多勞工在工作的過程中，忘記了自己，也迷失了自己——以某種並不美麗，也不神祕的方式。你做了多少乏味的工作，而且是在完成後，才意識到自己全程心不在焉呢？稍後，我們就會稍微談一下，在有意義的工作中「即時」的必要性，但這並不是我們現在要討論的重點。事情其實要簡單得多：選擇有意義的工作，意謂將這份工作，視為一種自我表達的方式。在寫作所有的作品時，梭羅都似乎在表達自己，但最明顯的是他的日記。在其中，他反思道：「你能寫出的最好作品，就是最好的你自己。」[3]

寫作，是梭羅珍視的工作。但上述論點，適用於任何重要的工作：無論是繪畫、諮商、教授、建議、解釋、建造、設計、管理、治療、修補或清潔，你能達到的最好樣態，就是最好的你自己。在工作和人類的存有之間，存在著一種直接的對應，而梭羅試圖強調這一點。這不僅是要求你，去「成為你所有能成為的」，更是這樣一個溫柔的提醒——你的職業必然始於「你自己」；畢竟，你在工作中消耗的，正是自己的人生。對梭羅而言，他所做過最有意義的工作，就是對自己負責。在一八五七年十月二十一日的日記中，梭羅寫道：「詩人難道不是注定要為自己寫傳記嗎？不寫一部漂亮的日記，還有什麼好寫的呢？他所想像的主角怎樣生活，我們不在乎。我們在乎的是，作為真實的主角，他是怎樣日復一日地生活。」[4]

回到梭羅的墨水座台。在傑羅姆・勞倫斯（Jerome Lawrence）和羅伯特・艾德溫・李（Robert E. Lee，不是那位同名同姓的將軍）所寫的劇本《梭羅在牢裡度過的一夜》（*In The Night Thoreau Spent in Jail*）中，梭羅這個**角色**與他的對話者貝利說：「寫下名字會導致你寫下句子。接下來，你會開始寫成段，接著寫書。到那個時候，你就會跟我一樣陷入麻煩了。」[5]以一種極其嚴肅的方式看來，也以梭羅**本人**可能會欣賞的方式看來，這句話很幽默。工作中，每一個重要的行動，都始於在任務的門口（比喻上的或字面上的）寫下你的名字，將它變成你自己的，然後走過、跳過、衝過，或跌跌撞撞地經過。在梭羅的眾多零散工作和責任中，我們都聽到一聲輕輕的、近乎祈禱般的堅持：「這是我的任務，這個任務屬於我。」

承擔我們生命中的工作，或許看似容易，但在當今資本主義的壓榨中，事實並不然。二十二歲的克雷格，住在麻薩諸塞州勞倫斯市，他是居家用品商家得寶（Home Depot）的銷售員。最近，他直白地說出：「我上班前會先呼麻。這樣會比較容易。感覺好像我根本不在那裡。沒人注意，也沒人在乎。我去工作只是因為我不得不去。」兩週後，克雷格辭掉他的工作。作為愛默生式自立主義的學生，梭羅認為，我們每個人在這個世上勞動的時間都非常有限，因此，我們必須在時間的流逝中，盡其所能地發揮自己、表達自己。在《湖濱散記》的開頭，梭羅寫到，許多書會省略掉「我」，但在他的書裡，「我」被保留下來了。《湖濱散記》是自覺的個人化作品，以第一人稱敘述，因為梭羅相信，他的文化、我們的文化，需要這樣的一個提醒——你很重要。「我工作」中的「我」很重要。正如梭羅在個人的第一本書《在康科德與梅里馬克河上一週》中反問道：「如果我不是我，誰會是呢？」[6]這個「我」，值得培育。

讓我們慢慢來吧。梭羅提倡的，是一種特定類型的個人主義，這種個人主義，完全不同於當今盛行的唯物利己主義，因為這種個人主義，要求你承擔人生中的任務，並且成為自己工作生活的作者。這樣的要求，並不是特許你在辦公室裡當個自私的混蛋，而是要對自己的職業負起責任。梭羅還認為，有成就感的工作，應該有助於培養勞動者，成為一個全面發展的人；從而，也使勞動者能夠參與一個全面發展且健康的社會。我們知道，這聽起來很懷舊，像是來自另一個時代的東西，確實是如此，但某些時代，也確實值得我們重新想一想。

當梭羅於一八一七年七月十二日出生時，湯瑪斯．傑佛遜（Thomas Jefferson）還在世；與他同時在世的，還有約翰．亞當斯（John Adams）、詹姆斯．麥迪遜（James Madison）、詹姆斯．門羅（James Monroe）、約翰．傑伊（John Jay），以及其他幾位開國元勛。距離他九歲生日不到十天，年少的梭羅，聽聞了約翰．亞當斯和湯瑪斯．傑佛遜的死訊：他們兩人，皆在一八三六年七月四日——《獨立宣言》簽署五十週年紀念日——這天去世。十年後，距離他十九歲生日不到一個月時，梭羅又讀到了詹姆斯．麥迪遜，這位「憲法之父」去世的消息。舊時代的革命領袖們相繼離世，而在這種領導真空的狀態下，美國各州正如蹣跚學步的孩子，逐漸步入青春期前夕。在梭羅的一生中，美國一直有意識地積極構建自己，成為「更完善的聯邦」。美國人到處尋找新的模式、新的冒險和新的想法。但最重要的是，美國人渴望成長和建設，與此同時，他們正以前所未有的熱情投入工作。

德國，正是美國尋求靈感的歐洲列強之一。在十九世紀的前二十年，著名博學家亞歷山大・馮・洪堡（Alexander von Humboldt，梭羅大量閱讀他的著作）的哥哥威廉・馮・洪堡（Wilhelm von Humboldt），為柏林大學（當時是德國知識分子的生活中心）設計並實施了一個新的學術願景。洪堡願景的核心，正是「教養」（Bildung）這個概念。對於早期的倡導者而言，「教養」意謂藉由導師所引導的自我培養，來實現心靈的和諧發展。我們學習的最佳方式，並不是透過死記硬背、不是透過上對下的威嚇、也不是透過微觀管理（這些大多是工作訓練課程中的策略）。事實上，大多數時候，這些方法會扼殺我們。當我們能夠對自己的學習和工作，負起創造性的責任時，我們之中的大多數人，將會學習與工作得最為完善。包括赫爾德（Herder）、歌德（Goethe）與菲希特（Fichte）在內的德國思想家們，都推崇這種對自主性和個人成長的全新重視，而他們所有人，皆會同意洪堡的這句話：「真正道德的第一法則是：自我修養。」[7] 這種思維方式，直接影響了梭羅對於意義和工作的看法。

在梭羅的時代，以及我們這個時代，我們從事的職業，往往取決於我們所受的教育。但梭羅認為，教育和工作兩者皆有責任，幫助年輕男女成長為適應良好、成熟且美麗的成年人。梭羅時代的美國大學體系，吸收了洪堡的概念——雖然不盡然是每個細節；也不盡然是有意的。然而，對此概念的吸收程度，已顯著到足以影響「康科德聖人」，也就是愛默生本人。

想法就像生物一樣，隨著遷徙而產生突變。從歐洲人手中，愛默生接過「自我修養」的火炬，並將其美國化。他對「教養」的想像更為叛逆，而這對於反抗者的後代而言，實在是再適合不過了。愛默生更加以個體為中心，並更加推崇自我。正如深受愛默生影響的德國哲學家尼采（Friedrich Nietzsche）所言：我們的勞動產品、我們工作的品質、我們努力的成果，都從屬於「成為真正的自己」這個計畫。[8]工作之所以有意義，是因為它有助於自我的成長與賦權，而非相反。對愛默生而言，「教養」是為了我們自己，而不是為了超越我們自身存在的**任何**概念——正如耶穌談到安息日時所言：「安息日是為人設立的，人不是為安息日設定的。」[9]當談到工作時，愛默生和梭羅可能也會如是說明。

在梭羅的時代，對許多勞動者——思想家而言，自我修養與國家修養是同一種行動。在國家肇建時期，還能有什麼其他的想法嗎？正如華特．惠特曼（Walt Whitman）所言：自由的公民感覺到自己正在放眼望向「民主的遠景」[10]；透過工業、商業和自決，這個新世界可以變得更新穎。然而，梭羅的「民主遠景」與同代人不同，他認為這個新世界，應當只有十分之一接受琢磨，其餘十分之九，則應保持自然。在《散步》一文中，梭羅直言不諱地說道：「沒錯，雖然你覺得我有悖常理，但如果讓我選擇，要我住在極致工藝打造出的最美花園旁，還是住在淒涼的沼澤邊，我絕對選擇沼澤。所以，城裡的各位，你們所有的工作對我來說，多麼無意義啊！外在世界多荒涼，我的精神便多振奮。給我海洋、沙漠和荒野！在沙漠中缺乏的水氣和沃土，能用純淨的空氣和孤獨來彌補。」[11]

相較於整齊和充滿幾何感的凡爾賽花園，梭羅寧願擁有一片沼澤。這是他對於過度琢磨的警惕。正如梭羅所說，「我們這塊又舊又臭的乳酪」，有太快變質的傾向。[12]我們的工作，不應該扼殺我們內在的荒野，當然也不該扼殺我們外在的荒野。琢磨一份工作，或追求「教養」之道，並不等同於「職業發展」、指導計畫，或取得更多的專業證照（儘管這些也不見得是壞事）。確切地說，所謂教養，體現在一種超越工作本身的職場經歷中。許多企業舉辦的員工進修活動（由公司贊助，目的在於「破解」整個產業的問題），其實也非常有助於個人的成長。這類活動，通常是由公司支付經費，在風景宜人的地點舉辦，讓員工有時間隨意交談，讓他們自由選擇休閒活動，並鼓勵他們自由表達。好吧，這並不完全符合梭羅式的理念，但教養的重點在於：逃離地獄般的會議室，將新鮮空氣、陽光及戶外活動，轉化為一種動態的成長心態。再次強調，梭羅大概會認為這整個計畫全是狗屁，畢竟，企業進修活動仍是為了追求利益；然而，如果在這樣的環境之下，員工能找到意義與成長，或許，梭羅會因此接受這個計畫。

千萬不要將成長和單純改變混為一談。你可以改變工作和同事、改變角色和職責、改變辦公室和穿著，但從未真正成長。成長，如「教養」所指，是依照你為自己設立的目標，來培養各種能力——這種由目標所驅動的生活，源自於你決定想要追求的方向，然後發掘能夠讓你實現這些目標的機會。作為一名作家，很容易讓某些力量和能力退化：社交技能衰減、背部肌肉疼痛、視力退化、偏頭痛加劇，營養也常常為了真正的（但通常只是想像的）才華而犧牲。這種失衡，是勞動者失去自我修養方向感的第一個徵兆。相較之下，有些勞動者似乎從未偏離那條若隱若現的、卻始終清晰的成長之路。

卡萊爾是麻薩諸塞州康科德的姊妹鎮。梭羅稱這個地方為「森林之城，儘管不夠文明，但更貼近自然」。[13]在市中心的圓環處，有一棟黃色的木板建築，名為「費恩斯」。費恩斯是那些拒絕被淘汰的古老鄉村雜貨店之一。如果在暴風雨中，你需要牛奶，雜貨店老闆麥特（也是一名消防局義消）會親自把牛奶送到你家門口，還會順便幫你清理車道。你不用試圖付錢給他，他不需要，也不想要錢。我們猜想，麥特在他的工作中有所成長，但我們實在無法確定。我們可以確定的，是他的一名員工葛洛莉亞——她是雜貨店的核心與靈魂人物。每天，「費恩斯」在早上六點開始營業，正好是葛洛莉亞起床後的兩小時。店裡總是熙熙攘攘，一大早，就有許多前來喝咖啡、吃甜甜圈、馬芬或可頌的客人。葛洛莉亞無微不至地照顧著每位顧客。乍看之下，這份工作或許像是乏味的苦差事，但顯然，葛洛莉亞在費恩斯持續成長。她的所有一切都在成長。

「我喜歡來到這裡的人，」一天早上，她這麼說：「而且，沒有客人的時候，我就看自己的書。這裡的味道也很好聞。我也喜歡所有一起工作的夥伴。這些餅乾和鬆餅不是憑空變出來的，我覺得它們實在太好吃了。比我剛開始工作的時候好多了。」

最後一點絕對正確。但是，每天早上超誇張的起床時間呢？

「我起來看日出。」

葛洛莉亞看似無法在極樂世界裡，占有一個特別的角落，但誰知道呢？或許，這就是人們在一生勞動中，所能達到的最佳境界。正如梭羅在《湖濱散記》的結尾所寫的那樣，我們必須期待黎明的到來，因為黎明終將來到，無論它是以實際的日出形式、以一名新顧客的問候，或是以剛出爐的麵包香氣來示現。

如今，一定有許多梭羅式的勞動者（至少我們希望如此），但我們兩人認識的其實並不多，其中又只有少數人，會像葛洛莉亞一樣，浮現在我們腦海中。除了葛洛莉亞，另一個人就是道格拉斯・蘭德・安德森（Douglas Rand Anderson），一名哲學教授，學生們稱他為「A教授」。在集體金錢成癮的一九八〇年代，他是少數幾位仍能栩栩記憶亨利・大衛・梭羅的學者之一。然而，記憶並不足以讓道格（他的同事都這麼稱呼他）成為一名梭羅式的勞動者。他的人生，之所以在工作上與梭羅有些相似，是因為他的職涯始於一家皮革工廠，在其中，他親手處理動物毛皮的剝除、乾燥和製革工作。在新罕布夏州南部的小鎮上，他以微薄的薪水盡力滿足生活所需。從皮革工廠開始，道格轉職到水管工、再到建築工作，然後開始寫作、再去教書，最終又回到寫作上。事實上，他把寫作視為畢生的工作。在六十多歲時，他住在康乃狄克州的鄉村，在一家鋸木工廠做日薪臨時工，並幫助妻子經營她的巧克力生意——這兩

份工作根本賺不到什麼錢。然而，一路下來，他學會了德語、拉丁語和希臘語（就像梭羅一樣），他比我們，甚至比任何常春藤名校的教授，都更瞭解什麼是對智識的熱愛。這才是一位梭羅式的勞動者。最近，我們請道格（朋友們稱他為「麋鹿」），描述這種梭羅式的有意義工作。

「嗯，有意義的工作，是那種最終完成時，會讓人感到滿足的工作。」

是啊，但他所謂的「滿足」，究竟是什麼意思呢？

「就是不會覺得自己浪費了一天，」他停頓了一下，「或者一小時。這種感覺並不是很高亢的情緒。工作應該結合體力和腦力。你知道的：工作涉及整體存在。關於金錢，我同意納瓦荷人（Navajo）的觀點──如果你追逐的是金錢，那就是追錯東西了。金錢是有意義工作的附帶收穫，而非最終目標。」

梭羅大概會完全同意這一點，但他也會鼓勵我們，專注於這個理念──某些工作，能夠展現出「整體存在」。許多工作，要求員工只動用他們的一小部分才能：電腦程式設計師，運用她的分析能力；砌磚工，運用他的肌肉和平衡感；行銷總監，運用她以買家為中心的敏銳度；執行長，則是運用她對組織管理和言辭的掌握。現在，你明白了吧：愛默生稱此為「只用一根弦來彈奏」。[14]然而，根據梭羅和愛默生的看法，現代經濟的勞動分工，所對應的正是令人不安的勞動者自身分工，也就是自身的某些部分被頻繁使用，其他部分則衰退、甚至失去作用。那麼，我們該如何找到能夠培養、並認可整體自我的工作呢？這是一個非常好的問題。

在梭羅生命的最後十年，他似乎找到了某種答案。他的童年時光，都在（有些人可能會不準確地說「都浪費在」）康科德，以及周邊薩德伯里和卡萊爾的草原上漫遊。他仔細地測量這片土地——記錄每一個地理特徵、每棵樹木（他對這些綠葉朋友，幾乎到了痴迷的地步）、測定岩層露出地面的年代、發現古老的原住民墓地、在偏僻之處找到自我。這種對大自然的孩童般的摯愛，延續到梭羅的成年生活：他躡手躡腳地穿越埃斯塔布魯克森林，可能只是為了跟蹤一隻鹿，並偷偷瞄上一眼；或者，只是為了趴在地上與蛇交流。他是全美國最受喜愛的野孩子，也是美國最偉大的自然愛好者。無論天氣如何，他堅持每天都要花四個小時散步。對他來說，每天步行二十英里並不奇怪，但這並不是因為他熱愛Fitbit智慧手環，而是因為彷彿大地正召喚他到最遙遠的地方去，並且，他也樂於回應這般召喚。「多年以來，我自封為暴風雪、暴風雨的視察員，且忠於職守；還自任檢查員，但不是檢查公路，而是森林小徑，以及所有通行路線，確保這些路徑保持暢通，峽谷間也有橋棧相連，並且四季皆可通行。大眾來來去去的足跡，證明了這些路徑的便利。」[15]

在這種背景下，他作為測量員的工作生涯，似乎全然是一件命中注定的事。或許確實如此，但其中，還是有一些偶然的因素。還記得嗎？他購買的第一套測量設備，原本只是為了地形學和地理學授課，卻因為這個幸運的巧合，他才將其轉化為一份兼職工作。「兼職」這個詞，聽起來似乎少了一點投入，但你要記得梭羅對日薪臨時工的看法：「就我自己而言，我覺得打零工是最獨立的工作。」[16]梭羅以類似的方式，受雇於測量鄰居的土地；這份工作時有時無，然而，對一個想要以各種方式度過每一天的人來說，這真是再好不過了。

測量工作，吸引了梭羅這位自然主義者，同時，也吸引了梭羅這位科學家和精確性的信徒。精確地、真實地測量人生，是他最根本的使命，而在很長一段時間裡，測量工作恰好為他提供了施展長才的機會。梭羅帶著繪圖工具，和最先進的十五英寸羅盤，在城鎮周圍的叢林中開路、攀爬，為當地居民提供了寶貴的服務。這些居民，正如羅伯特．佛洛斯特（Robert Frost）所言，是由好圍籬所造就的好芳鄰。梭羅手繪的細緻地圖至今猶存，並且，經得起任何現代精確量具的檢驗。測量工作，使梭羅能夠見證每一個角度、每一個自然坡度、每一個幅度、深度和長度。這是他（他的整個自我）生來要做的工作。

當然，即使是最完美的職業，也會有其陷阱，以及幾乎無法預見的悲劇。當梭羅受雇去測量梅里馬克河以北、位於黑佛里爾的一大片土地時，這項任務的目的，是為了清理土地，以建造六十棟房屋。他在當地完成的許多測量，都是為了圍起即將被砍伐和出售的林地。一天晚上，梭羅在外執行工作，他看到一位地主和一群人，正在評估一個舊柱洞的位置，從而確定新領地的邊界。突然間，梭羅想像那個地主正被惡魔給包圍，而他身邊站著的，正是一位「黑暗王子」——測量員。一個人可以聽從召喚、找到他的天職，但也應該小心謹慎。梭羅後來寫道：「商業會詛咒它所掌握的一切。」[17]

梭羅一生中，做過最有成就感的工作是什麼？是寫下那部龐大的日記嗎？那部日記，梭羅認為只有非常少的人會去讀，而可能，也只有比他預想稍多一點的人，真的去讀了。或是寫下《湖濱散記》呢？這部作品廣受推崇，被認為是美國藝術

和文學的最偉大作品之一。是和一群孩子在康科德山丘上採野莓？是測量那些他認為永遠不該被圍起的土地？是建造可以載著他，在當地水道來回航行的小船？是在瓜田種植十幾種不同品種的瓜果，以供應康科德的夏季聚會？還是製作最高品質的鉛筆？每當談及有意義的工作，或許，這根本不是一個正確的問題。關於個人職業的問題，重點並不是尋找「最」有成就感的時刻，而是找到一種獨特的方式，使我們開始在生活中從事審慎的勞動、在特定時刻將它放下，並且，再用前所未有的活力，重新將它拾起。

我們很少談到，工作的價值取決於它對他人的價值，而這是一個需要糾正的疏漏。有一段著名的話，常被誤認為是梭羅的朋友愛默生所說：

> 常大笑開懷，滿心暢快：獲智者尊重，得孩童喜愛；贏得真摯評論的欣賞，容得虛偽朋友的背叛；賞物之美，覯人之善；讓世界變得更好，無論是培育健康的孩子、開闢園地，或改善社會狀況；知道一個生命因你的存在而活得更加自在，那就算成功了。[18]

我們但願這種情感可以用來描述許多人，因為它極其忠實地，描繪了亨利．大衛．梭羅的一生。然而事實上，在十九世紀的康科德，除了梭羅以外，只有極少數成年人，擁有這種關於成功的完整概念。請注意：成功並不是透過某一項特別有成就感的工作來實現。成功，並不僅僅因為「獲智者尊重」，**或**「得孩童喜愛」，而是要在合適的時機中達成這一切——但千萬不要拖延。儘管梭羅以憤世嫉俗和遁世而聞名，他並非不懂得喜悅和愛：「再嚴酷的法律，也會容許一點點的歡樂。」[19]一八五三年，梭羅堅定指出：「將你那些記錄悲傷的書籍、那些格言與律法，全都堆到一邊去，大自然正在屋外歡樂，而她擁有的愉快小蠹蟲，很快就會將書籍都推倒。在你的律法之外，還有一片原野。」[20]梭羅帶領愛默生的孩子們度過童年，在新英格蘭的樹叢和莓果園中遊玩，並因他的付出而深受愛戴。他的書籍和慷慨陪伴，受到他那個年代最優秀、最聰慧之人的珍視。他原諒了愛默生頻繁的傲慢與無情。他的一生，自始至終，都是圍繞著對美的領悟而建構。從一八四〇年：「美存在於被人感知的地方」。[21]到一八五五年：「從正確的角度來看，每一場風暴和其中的每一滴水，都是一道彩虹。」[22]他與孤獨無助的人結交為友，就像他在埃斯塔布魯克森林的鄰居培瑞茲．布拉德。他堅信，他在地下鐵路活動中所幫助過的非裔美國人，都應該獲得自由。他栽植了無數座花園——過程中且也耕耘自己。在這個常常試圖淹沒自由、平等、自立和謙遜之聲的時代中，他成為了這些價值的代言人。在自己的作品中，他留下了自己最好的一面——獻給無數像你這樣的讀者。

或許，在生活中、在工作中，並沒有所謂「最有成就感」的時刻，但更像是一種調適方式，使自己融入日常工作，或讓工作並不真正像是工作，而使我們能愉快地埋首其中。重點是找到一條前進的道路，在其中，我們既能夠持續感到滿足，也能一再自我提醒：在有機會感到滿足的同時，我們亦有機會讓自己變得更好。如果有意義的工作，取決於興趣和目標這兩者，也許，我們能夠在每個發現自我的當下，找到深化兩者之意義的方法。梭羅提醒我們，尋找有成就感之工作的挑戰，很即時地，就是保持在當下的挑戰——專注於此刻，回應給此刻。「你必須活在當下，乘上每一道浪潮，在每時每刻裡找到永恆。傻瓜站在他們的機會之島上，望向另一片土地。然而，沒有其他的土地，也沒有其他的生活，只有這裡的，或類似於這裡的生活。」[23]最終，這或許是我們從亨利・大衛・梭羅的工作生活中，學到最重要的課題之一。

我們的工作，有時會隨著我們一同消逝，有時卻會持續下去。沒有什麼是必然如此的。「新一代人拋棄前一代人的事業，就好像它們是擱淺的船隻。」[24]無論是哪種情況，梭羅提醒我們，最終，最重要的是我們的目標。「長遠來看，人只會達成自己設定的目標。因此，即使眼下有可能會失敗，但最好還是設定更高的目標。」[25]你的目標是什麼？你的目標有多高？梭羅擔心，當我們將生活的經濟，和將一切簡化為「生產力」的經濟學混為一談時，我們往往會降低我們的目標，甚至完全忘記了我們的目標。

> 但是看啊！人已經變成自己工具的工具了。那個飢餓時獨自採摘果實的人，現在變成了農夫；那個站在樹下尋求遮蔽的人，現在變成了管家。現在我們不再支起帳篷過夜，而是在土地上安居落戶，而忘記了天堂。[26]

梭羅為那些以工作或勞動本身為最高目標的人創造空間。「有些人很『勤奮』，似乎喜歡為了勞動而勞動，或者勞動可以防止他們惹事生非，對於這些人，我目前還無話可說。」[27]這類人確實很稀少。我們兩人，也確實都不符合這樣的描述。但是，或許有些勞動者會對不工作的人，懷有一種苦樂參半的優越感——特別是對那些身體健康卻不工作的人，他們剛好就是有本錢不工作就能活。或許，有些人對那些從未陷入痛苦職場生活的人，也懷有一種優越感。他們認為工作的悲慘，是一種辣味十足的哈瓦那辣椒，那是我們在相對輕鬆的工作中嘗不到的滋味。一點地獄般的遭遇，給了我們兩倍的深度。

想想希臘神話中的人物薛西弗斯，他注定要永遠做著徒勞無功的工作，把巨石推上山頂，而每一次，石頭都會滾回原來的山腳下，於是，薛西弗斯必須一次又一次地重新開始。法國哲學家卡繆描述過薛西弗斯的無盡苦勞，儘管如此，他還是鼓勵我們肯定它：「我們必須想像薛西弗斯其實是快樂的。」[28]有時，梭羅也表達對這種悲劇性的肯定。在《湖濱散記》中，他回顧昔日的工作，如此寫道：「有很長一段時間，我是一家報社的記者。報紙發行量不大，而且編輯認為我寫的大部分稿件都不宜刊登。像作家們常碰到的那樣，我付出了辛勞，得到的卻不過是自己的痛苦。然而，就這件事而言，我的痛苦本身就是報償。」[29]

但除了你們這類「薛西弗斯式」的人之外，我們其他人需要的，並不僅僅是工作本身。即便永遠無法抵達，我們還是需要那個更高的目標，那個更高的目的，那個被遺忘的天堂。倘若我們失敗了，只要我們曾經向上，那也是坦蕩蕩的失敗。

一八五六年二月十日，梭羅在寫給他的朋友卡爾文・哈羅德・格林（Calvin Harlow Greene）的信中提到：「你放心吧，你在書中看到的是我最好的一面，我本人真不值得當面一見——我口吃、遲鈍、笨拙。你知道，即使是詩歌，在某種意義上也是一種無限的炫耀和誇大。我倒不是不承認我寫的文字，而是想說出，在我微弱道出的真理面前，我究竟是什麼樣子！」[30]在最好的狀態下，工作蘊藏著一種超越性的力量。它賦予我們一種能力，能夠留下有價值的事物，也能夠提升自己成為更好的人；它迫使我們以通常無法做到的方式「活在當下」，並且以前所未有的清晰度，來檢視生命的意義。無論你信或不信，我們可以一直工作，直到生命的最後一刻；甚至，即便身體機能離棄了我們，我們也仍然可以從事心智上的，與精神上的工作。羅勃・蘇利文推測，梭羅臨終時所說的「駝鹿」和「印第安人」，顯示出他仍在腦海中，「苦苦思索《緬因森林》的文稿，試圖將它們整理到能夠出版的程度，試圖憑此賺取一些金錢，留贈給他的家人。直到臨終前刻，他仍對截稿期限充滿焦慮。」[31]梭羅或許在未竟的工作中離世，但這並不重要，因為在真正有意義的人生工作上，這樣的情形時常發生——最終的成就，總是由他人來完成。

也許，最終你會同意後來愛默生對梭羅的看法。在一八四八年的日記中，愛默生寫道：「亨利．梭羅就像吸引流浪詩人的森林之神，將他引入碩大無朋的洞穴，和廣袤無垠的沙漠中，[32]讓他喪失記憶，任他赤身裸體，只剩下手裡拿著的藤蔓和樹枝。從城鎮走向森林的第一步，是非常誘人的，但最終，卻只剩下匱乏與瘋狂。」[33]

但如果瘋狂的路徑恰好相反呢？梭羅寫道：「一件東西的成本，乃是我生命的局部，因為它被用來換得這件東西——無論是即時支付，還是長期支付。」[34]你工作的成本是多少？為了換得它，你支付了多少生命？那麼，這有什麼益處呢？如果你不知道，或者，如果代價超過了益處，那麼，也許你已經從森林走到了城鎮，結果，卻還是陷於匱乏與瘋狂。

注解

1 William James, "The Will to Believe," in The Will to Believe and Other Essays in Popular Philosophy (New York: Longmans, Green, 1912), 4.

2 Henry David Thoreau, journal entry, July 13, 1852, in The Journal of Henry D. Thoreau, ed. Bradford Torrey and Francis H. Allen (Boston: Houghton Mifflin, 1949), 4:223.

3 Thoreau, journal entry, February 28, 1841, in Journal of Henry D. Thoreau, ed. Torrey and Allen, 1:225–226.

4 Thoreau, journal entry, October 21, 1857, in Journal of Henry D. Thoreau, ed. Torrey and Allen, 10:115.

5 Jerome Lawrence and Robert E. Lee, The Night Thoreau Spent in Jail (New York: Hill and Wang, 2001), 29–30.

6 Henry David Thoreau, A Week on the Concord and Merrimack Rivers, in A Week on the Concord and Merrimack Rivers; Walden; or, Life in the Woods; The Maine Woods; Cape Cod, ed. Robert F. Sayre, The Library of America (New York: The Library of America, 1985), 126.

7 As quoted in Paul Robinson Sweet, Wilhelm von Humboldt: A Biography (Columbus: The Ohio State University Press, 1978), 1:84.

8 Friedrich Nietzsche, Die fröhliche Wissenschaft, in Kritische Studienausgabe, ed. Giorgio Colli and Mazzino Montinari (Berlin: de Gruyter, 2020), 3:519, §270.

9 馬可福音2:27.

10 Walt Whitman, Democratic Vistas (New York: J. S. Redfield, 1871).

11 Henry David Thoreau, “Walking,” in Essays: A Fully Annotated Edition, ed. Jeffrey S. Cramer (New Haven, CT: Yale University Press, 2013), 263.

12 Henry David Thoreau, Walden: A Fully Annotated Edition, ed. Jeffrey S. Cramer (New Haven, CT:

Yale University Press, 2004), 132.
13 Thoreau, Week on the Concord and Merrimack Rivers, 42.
14 Ralph Waldo Emerson, The Conduct of Life (Boston: Houghton, Mifflin, 1892), 106.
15 Thoreau, Walden: A Fully Annotated Edition, 17.
16 同上，67.
17 同上。
18 This “Emerson” quote is probably from a piece written by Bessie A. Stanley for a December 11, 1905, issue of Emporia Gazette; see https://quoteinvestigator.com/2012/06/26/define-success/.
19 Thoreau, journal entry, January 3, 1853, in Journal of Henry D. Thoreau, ed. Torrey and Allen, 4:446.
20 同上。
21 Henry David Thoreau, journal entry, December 16, 1840, in The Writings of Henry D. Thoreau, ed. H.G.O. Blake, vol. 7, Autumn: From the Journal of Henry David Thoreau (Boston: Houghton Mifflin, 1892), 439.
22 Thoreau, journal entry, December 11, 1855, in Journal of Henry D. Thoreau, ed. Torrey and Allen, 8:44–45.
23 Thoreau, journal entry, April 24, 1859, in Journal of Henry D. Thoreau, ed. Torrey and Allen, 12:159.
24 Thoreau, Walden: A Fully Annotated Edition, 10.
25 同上，26.

26 同上，36.

27 同上，67.

28 Albert Camus, "The Myth of Sisyphus" and Other Essays, trans. Justin O'Brien (New York: Vintage International, 1991), 123.

29 Thoreau, Walden: A Fully Annotated Edition, 17.

30 Henry David Thoreau to Calvin Harlow Greene, February 10, 1856, in The Writings of Henry David Thoreau: The Correspondence, vol. 2, 1849–1856, ed. Robert N. Hudspeth, Elizabeth Hall Witherell, and Lihong Xie (Princeton, NJ: Princeton University Press, 2018), 404.

31 Robert Sullivan, The Thoreau You Don't Know (New York: HarperCollins, 2009), 275.

32「antres vast and deserts idle」這句話出自莎士比亞的《奧賽羅》1.3.139，「antres vast」指的是「碩大無朋的洞穴」。

33 Ralph Waldo Emerson, 1848, in The Journals and Miscellaneous Notebooks of Ralph Waldo Emerson, ed. William H. Gilman and J. E. Pearsons (Cambridge, MA: The Belknap Press of Harvard University, 1970), 10:344.

34 Thoreau, Walden: A Fully Annotated Edition, 30.

終章

日常事務

現在應該很清楚了：梭羅一生都在工作。然而，他從未將生命本身，與忙碌的日常，或朝九晚五的商業成功混為一談。截稿期限總是來了又去，但真正需要擔心的最後期限，毋寧只有一個——生命真正的「死線」。梭羅最大的擔憂是，當生命走到盡頭，才發覺自己從未真正活過。這才是真實的、沒在開玩笑的死亡恐懼；這也正是為什麼，清楚理解我們的職涯，實在是太重要了。我們醒著的大部分時刻都花在工作上，但我們之中的大多數人，並不清楚這實際上意謂著什麼。

梭羅的工作（無論是記錄在大量著作裡，或是體現在各種不同的職務中），就是在探索這個問題。他既是日常事務的典範，也是指引我們應該追求理想生活的嚮導。梭羅去世時，他最長久的朋友（如果不說是最好的朋友）愛默生，曾開玩笑說他缺乏野心，認為他應該致力於真正的工作——就像現代人常說的那樣。而愛默生卻未提到梭羅幫忙養育了他的孩子、照顧了他的家、啟發了他的寫作，並在他需要的時候，成為他的朋友。這些也都是工作，而且，可能是梭羅從未後悔過的工作。即便是、或特別是在那般毫無野心的生涯裡，梭羅仍成為一位日常事務大師。

在寫這本書的過程中，我們並沒有完全忽略家庭責任，也沒有把自己累垮，但我們非常努力，或許，比以往任何寫作時都更加努力。我們一起工作，彼此提升，成為更好的作家，也成為更好的人。這正是梭羅、亞里斯多德，以及無數其他哲學家所指稱的，真正友誼的使命。我們希望，我們的勞動能夠反映出有關梭羅的一些事——他對工作與生活的思考。希望這些思考，能夠在你心中成長、成熟，並使你有所收獲。我們也希望對你而言，閱讀這本書，並不是一件繁重且無意義的事。

現在，思考「梭羅在工作」正合時宜：此時此刻，大量的人正辭去傳統職務，重新思考他們職業生活的意義，為了意義而放棄報償，並且，在這個偏向不公正的現代資本世界中，奮力想要證明自己。換句話說，這本書注定是要在現在讀的，而這也意謂著，我們寫的時候已經太遲了。

如同任何有意義的工作時刻，我們在為這本書工作時，彷彿根本就不像是在工作，彷彿我們就是為此而生，也彷彿我們只是在完成自己的使命。這並不會讓我們在日常事務中成為英雄（不像梭羅），但它確實讓我們感到有必要、有興趣、並受目標所驅策，而這些，我們都將會長久地記憶並珍惜。這也是我們對你的最終期盼，希望你能找到這類工作，好好把握，並且記得：它將會支撐起一個有意義的人生。這是在最好情況下，工作應有的樣子。

最終，任何針對工作的、有意義的深思，都將回歸到一個非常明確，卻也苦樂參半的事實：日常事務，僅僅只會跟生命本身一樣長。它無比短暫，且以驚人的速度，確切朝單一方向前進——直達終點。本書的其中一位作者，四十歲時經歷過一次心臟驟停；另一位作者，則熬過類自殺行為，如今與一個女人（也就是他的妻子）一同生活，而**每一天**，她都承受著纖維肌痛症的痛苦。這令他深刻意識到生命的不公與局限。這種人類的有限性，亦是苦中帶甜的，因為它既是限制，也是激勵：我們擁有的時間如此短暫，因此也極為寶貴。我們必須盡快找到自己的人生定位，並且全心投入其中。

一八五〇年，接下在火島海岸哀悼瑪格麗特．富勒離世的任務後，梭羅所做的，並不僅僅是在荒涼的海灘上，徒勞地搜尋她的遺體；他還完成了一項極其重要的任務——他或許領悟到，事關人類脆弱性的一個終極意義。當面對驟然終止的生命，梭羅總結，「我告訴自己：多做一點你自認為做得好的**工作**。」[1]好的工作，這便是梭羅式人生所僅需的一切。工作的「好」，並不一定取決於上帝的恩典，或需求某種更高權力的許可（儘管很可能是需要的），而是源自一個人願意、並且有能力「自我認可」：這份工作是好的——我們還活著時，我們就有能力使日常事務「變好」。在搜救行動失敗後，梭羅反思了透過工作，拯救自己的可能性，他繼續說道：「如果你想嘗試某個實驗，那就去試吧。假如你不喜歡懷疑，就不要多疑……做那些別人無法替你做的事，不要做別的事。無論怎麼做，要讓我們的生活過得像樣並不容易。」[2]的確，這一點都不容易：我們太輕易揮霍掉僅存的時間，選擇那些沒有成就感的活動和任務。然而，自始至終，梭羅都在向我們證明一切猶有可能，即便我們常常失敗，我們每個人，都還是可以「多做一點好的工作。」

美國小說家溫德爾·貝利（Wendell Berry）可能是二十一世紀裡，最接近梭羅的作家，他說：「『天職』這個古老而光榮的觀點，單純意指我們各自受到召喚，無論是由上帝、我們的天賦，或是依我們的喜好，去做一份特別適合我們的好工作。」[3]事實上，梭羅在火島上真正找尋的，並不是瑪格麗特·富勒的遺體（最終，那又有什麼用呢），而是另一種遺贈——她花費數年心血所創作的手稿；她本希望將這些手稿帶回美國。手稿已佚失，但重點卻倖存：重要的是工作。這才是遺贈。

趁有陽光時曬乾草。這句話對梭羅來說，具有非常真實、非常強大的意義，他常常感到自己的一切都消逝得太快了。他在四十四歲時死於肺結核，這是他一生的疾患，並且，他常常因為習慣在雨中工作，而讓病情加劇。工作始終是一件致命的事。而生命也是——我們無法活著離開這個世界。然而，在我們醒著的時刻，我們可以開始承擔自己的「好的工作」，直到生命辭退我們的那一刻。

趁有陽光時曬乾草。這句話對梭羅的鄰居來說，也非常真實，即便他們無法理解其中存在的嚴重性。康科德，位於美洲原住民所稱的「Musketaquid」地帶，意思是「水流過草原的地方」。今日，它被稱為「沖積草原」，也就是由河流滋養的草原。在梭羅之前，已有十個世代的人類生活在這片土地上，受到它的扶助。河流製造「碴料」，這是專業術語，意指由河流所孕育、所灌溉的強化土壤。碴料製造乾草，乾草製造牛飼料，牛製造糞便，糞便製造肥料，肥料製造耕地，土地製造穀物，穀物製造麵包，而麵包，則養活了康科德人民。

在這個美好的食物鏈中，在這個關於勞動和生產的故事裡，只有一個隱憂，而每個人都知道這一點：太陽終究會落下，或被烏雲遮蔽，洪水總會來臨；當洪水來襲，一切都會傾覆，田裡的乾草會被浸濕、腐爛，人們就會挨餓；當洪水來襲，一切都會死去。而洪水終將到來——只是時間早晚的問題。這就是為什麼，馬斯克特奎德（Musketaquid）的居民們，必須趁陽光尚存時收割乾草。他們會一起工作、迅速行動，彷彿他們命懸於此。因為的確如此。乾草將儲存在穀倉和筒倉裡，以備雨天之需，或為未來的子孫（其中有些人甚至尚未出生）而儲備。這或許，正是有意義工作的神聖本質：在我們離去之後，仍有一些東西得以留存，去滋養那些繼續前行的人們。

亨利·大衛·梭羅幫助我們，看見關於日常事務的這個基本事實。他知道洪水終將到來；他知道對於死亡的適切反應，就是正面直視它。梭羅最初的「好的工作」之一，發生在一八三六年夏天，當時年僅十九歲的他，展開了一項營建計畫，「建造一艘迷你小船，不是荷馬所說的〔一艘有良好板凳的〕船，而是某種長方型的槽。」[4] 正如他所說，這是一艘「保持身體和靈魂在一起」的船。[5] 梭羅一生中，建造了許多艘船，其中最著名的一艘，他命名為「馬斯克特奎德」。之後，海水終將上漲，會將船托起，也將他托起。這或許正是有意義工作的神聖本質，它讓我們在天空變暗、洪水奔聚時，護持著我們繼續前行。當我們完成工作時，幸運的話，我們就能說出梭羅最後的遺言：「美好的航行開始了。」[6]

注解

1 Henry David Thoreau to Harrison Gray Otis Blake, August 9, 1850, in TheWritings of Henry David Thoreau: The Correspondence, vol. 2, 1849–1856, ed. Robert N. Hudspeth, Elizabeth Hall Witherell, and Lihong Xie (Princeton, NJ: Princeton University Press, 2018), 78.

2 同上。

3 Wendell Berry, "Wendell Berry on Work," Progressive 74, no. 11 (2010): 6.

4 Thoreau to Charles Wyatt Rice, August 5, 1836, in Writings of Henry David Thoreau: The Correspondence, vol. 1, 1834–1848, ed. Robert N. Hudspeth (Princeton, NJ: Princeton University Press, 2013), 12.

5 同上。

6 See Kathy Fedorko, "Revisiting Henry's Last Words," The Thoreau Society Bulletin, no. 295 (2016): 2.

梭羅工作生涯簡表

一八三三年 梭羅在哈佛大學開始大學生涯。

一八三四年 為了支付大學學費，梭羅隨父親前往紐約銷售梭羅品牌鉛筆。

一八三五年 梭羅離開哈佛大學三個多月。這段期間，他在麻薩諸塞州坎頓市教書賺錢。

一八三七年 五月十日：美國銀行發生了嚴重擠兌，引發了「一八三七年大恐慌」，隨後導致經濟嚴重蕭條，此後，花費七年時間才復甦經濟。六月一日：梭羅畢業於哈佛大學，當時正值經濟不景氣。他在康科德中心學校擔任教師，但在幾週後辭職；十月下旬，開始撰寫日記。

一八三八年 梭羅與哥哥約翰一同創辦了一所小學校，這所學校一度是康科德學院，他們採用自然散步和哲學討論的教學方式，取代了傳統記憶背誦和懲罰。學校很快便擴展起來。

一八三九年　梭羅在父親的鉛筆工廠工作，並在學術講堂發表了他的第一篇演講。

一八四一年　梭羅在美國超驗主義雜誌刊物《日晷》（*The Dial*）上發表詩作與文章。

一八四二年　由於約翰健康狀況不佳，梭羅關閉學校。

一八四三年　哥哥約翰因破傷風病逝於梭羅懷中。

一八四四年　梭羅在史坦登島度過近十一個月時間，擔任愛默生的哥哥威廉子女的家庭教師。

一八四五年　梭羅開始在瓦爾登湖畔進行為期兩年兩個月又兩天的生活實驗，嘗試過有意識的生活。他在湖畔建造一間單人小屋，居住在其中。

一八四六年　梭羅在瓦爾登湖畔居住期間，起草第一本書《在康科德與梅里馬克河上一週》。

一八四六年　六月，梭羅因反對美國帝國主義而拒付人頭稅，在監獄裡度過一夜。

一八四七年　九月：結束瓦爾登湖畔獨居後，梭羅同意在愛默生前往歐洲巡迴演講期間住進愛默生家中。梭羅輔導並照顧愛默生的孩子，並與愛默生之妻莉迪安・愛默生成為好友。

一八四九年　梭羅沒有聽從愛默生的建議，出版了《在康科德與梅里馬克河上一週》。這本書出版後遭受到財務上的徹底失敗。梭羅最終還留有七百本未售出的書。

一八四九年　出版《對公民政府的抵抗》（後來被稱為《公民不服從》）。

一八五〇年　七月：瑪格麗特・富勒（Margaret Fuller）在紐約火島遭逢海難喪生。梭羅受愛默生囑託，去海灘上尋找她的遺骸。

一八五〇年　梭羅開始擔任測量員，工作時必須大量移動。

一八五二年　梭羅開始認真修改《湖濱散記》，利用大量記載的日記，以季節來建構敘事。

一八五三年　梭羅在《普特南月刊》及《美國佬在加拿大》（*A Yankee in Canada*）發表了《湖濱散記》部分內容。

一八五四年　梭羅出版《瓦爾登，或林中生活》（*Walden; or, Life in the Woods*）

一八五九年　梭羅為廢奴運動家約翰・布朗（John Brown）辯護，激怒了鄰人。

一八六〇年　梭羅在冬季前往瓦爾登湖研究樹木年輪的旅行中受寒感冒，這場感冒持續未見好轉，最終成為致命的疾病。

一八六一年　梭羅為了一本關於美洲原住民的著作所做的筆記，已達到十多冊的規模。然而，這本書最終未能完成。

一八六二年　五月六日：亨利．大衛．梭羅去世。

二〇二三年　梭羅的記憶由數百萬名讀者來承續。

致謝

約翰・卡格（John Kaag）想要感謝妻子凱薩琳（Kathleen），她是他一切事務上的工作夥伴，多年來她教會了他愛的價值，以及對生活勞動的真正興趣。他們的孩子亨利（Henry）和貝卡（Becca），是他源源不絕的靈感來源，也時刻提醒他工作日該結束，該開始進入休閒時光了。謝謝非人類的野獸——西摩（Seymour）、莉莉（Lily）和毛克利（Mowgli）——在那些灰暗低靡的時刻，提供了急需的喜劇調劑。卡格不擅致謝，但他深愛家人，也清楚知道，自己之所以能夠愉快地寫作和工作，與整個家庭的活力息息相關。他還要感謝范・貝爾先生，感謝他讓這本書成為可能，並且容忍他古怪與情緒——還有讓這些書頁充滿了生命力。謝謝《在工作裡，我們活得有意義》的編輯羅伯・坦皮歐（Rob Tempio）。謝謝馬庫斯・霍夫曼（Markus

Hoffman）和克蘭西・馬丁（Clancy Martin），他們都是這場寫作風暴中的無價讀者。最後，卡格要感謝他的母親貝琪・卡格（Becky Kaag），感謝她在工作上是如此卓越（但願她能夠工作和玩樂得再久一些）。

強納森・范・貝爾（Jonathan Van Belle）想要感謝妻子蘇瑞兒（Zuriel）；無論何時何時，他都會帶著她、以及蒲公英的愛，去到地球上的每一座伊甸園，並勇闖大門。他們的迷你雪納瑞尼采（Nietzsche），那快樂的奔跑和嬉戲，正是對工作熱愛的最甜美示範，值得一聲謝謝：「汪！」也要永遠感激他的母親羅蘋（Robin）和父親史蒂夫（Steve），感謝他們反抗了反生育主義。他衷心感謝約翰・卡格博士，實現了他長久以來的願望，以及一路上以各種方式展現出的善意、公正和友誼。就像「梭羅在工作」一樣，「約翰在工作」值得自成一本書——並以卡斯帕・大衛・佛烈德利希（Caspar David Friedrich）的浪漫主義精神描繪出一幅浪漫畫像。世上沒有足夠的五彩碎紙，足以用來榮耀羅伯・坦皮歐，他每天工作二十五個小時，應得的不僅是一句感謝，還應是讚頌；世上也沒有足夠的香檳，足以用來致敬這本書的校對編輯漢克・索斯蓋特（Hank Southgate），感謝他的敏銳洞察。最後，強納森想要感謝他的祖父母唐・范・貝爾以及莉莉安・范・貝爾（Don and Lillian van Belle），感謝他們的愛與智慧。他想請求上帝在天堂重建他們給他的家。天堂的黃金大道無法令他歡喜，除非其中有一條，寫著「卡恩斯大道」（Karnes Way）。

參考書目

Primary Literature

BOOKS AND ESSAYS

Thoreau, Henry David. *Essays: A Fully Annotated Edition*. Edited and annotated by Jeffrey S. Cramer. New Haven, CT: Yale University Press, 2013.

———. *Sir Walter Raleigh*. Boston: The Bibliophile Society, 1905.

———. *Walden: A Fully Annotated Edition*. Edited and annotated by Jeffrey S. Cramer. New Haven, CT: Yale University Press, 2004.

———. *"Walden," "Civil Disobedience," and Other Writings: Authoritative Texts, Journal, Reviews and Posthumous Assessments, Criticism*. Norton Critical Edition. 3rd ed. Edited by William Rossi. New York: W. W. Norton, 2008.

———. *A Week on the Concord and Merrimack Rivers; Walden; or, Life in the Woods; The Maine Woods; Cape Cod*. Edited by Robert F. Sayre. The Library of America. New York: The Library of America, 1985.

THE JOURNAL

Thoreau, Henry David. *The Journal of Henry D. Thoreau*. Edited by Bradford Torrey and Francis H. Allen. 14 vols. Boston: Houghton Mifflin, 1949.

———. *The Journal of Henry D. Thoreau*. Vol. 1, edited by Elizabeth Hall Witherell, Robert Sattelmeyer, and Thomas Blanding. Princeton, NJ: Princeton University Press, 1981.

CORRESPONDENCE

Thoreau, Henry David. *The Correspondence of Henry David Thoreau*. Edited by Walter Harding and Carl Bode. New York: New York University Press, 1958.

———. *The Writings of Henry David Thoreau: The Correspondence*. Vol. 1, *1834–1848*, edited by Robert N. Hudspeth. Princeton, NJ: Princeton University Press, 2013.

———. *The Writings of Henry David Thoreau: The Correspondence*. Vol. 2, *1849–1856*, edited by Robert N. Hudspeth, Elizabeth Hall Witherell, and Lihong Xie. Princeton, NJ: Princeton University Press, 2018.

OTHER

Thoreau, Henry David. *Great Short Works of Henry David Thoreau*. Edited by Wendell Glick. New York: Harper & Row, 1982.

———. *The Writings of Henry David Thoreau*. Edited by H.G.O. Blake. Vol. 7, *Autumn: From the Journal of Henry David Thoreau*. Boston: Houghton Mifflin, 1892.

Secondary Literature: On Thoreau

Blauner, Andrew, ed. *Now Comes Good Sailing: Writers Reflect on Henry David Thoreau*. Princeton, NJ: Princeton University Press, 2021.

Bridgman, Richard. *Dark Thoreau*. Lincoln: University of Nebraska Press, 1982.

Cafaro, Philip. *Thoreau's Living Ethics: "Walden" and the Pursuit of Virtue*. Athens: The University of Georgia Press, 2004.

Channing, William Ellery. *Thoreau the Poet-Naturalist: With Memorial Verses*. Boston: Charles E. Goodspeed, 1902.

Dann, Kevin T. *Expect Great Things: The Life and Search of Henry David Thoreau*. New York: TarcherPerigee, 2017.

Dean, Bradley P. "Thoreau and Michael Flannery." *The Concord Saunterer* 17, no. 3 (1984): 27–33.

Emerson, Edward Waldo. *Henry David Thoreau as Remembered by a Young Friend*. Boston: Houghton Mifflin, 1917.

Fedorko, Kathy. "Revisiting Henry's Last Words." *Thoreau Society Bulletin*, no. 295 (2016): 1–4.

Fink, Steven. *Prophet in the Marketplace: Thoreau's Development as a Professional Writer*. Princeton, NJ: Princeton University Press, 1992.

Gross, Robert A. "Culture and Cultivation: Agriculture and Society in Thoreau's Concord." *Journal of American History* 69, no. 1 (1982): 42–61.

———. *The Transcendentalists and Their World*. New York: Farrar, Straus and Giroux, 2021.

Grusin, Richard. "Thoreau, Extravagance, and the Economy of Nature." *American Literary History* 5, no. 1 (1993): 30–50.

Harding, Walter. "Five Ways of Looking at *Walden*." In *Critical Essays on Henry David Thoreau's "Walden,"* 85–96. Boston: G. K. Hall, 1988.

Kaag, John. "Thoreau's Cynicism, and Our Own." *Chronicle of Higher Education*, March 19, 2017. https://www.chronicle.com/article/thoreaus-cynicism-and-our-own.

———. "Thoreau: The Wild Child at 200." *Chronicle of Higher Education*, May 7, 2017. https://www.chronicle.com/article/thoreau-the-wild-child-at-200/.

Kaag, John, and Clancy Martin. "At Walden, Thoreau Wasn't Really Alone with Nature." *New York Times*, July 10, 2017. https://www.nytimes.com/2017/07/10/opinion/thoreaus-invisible-neighbors-at-walden.html.

Kaag, John, and Jonathan van Belle. "Thoreau's Economics: The Truly Precious Cost Precious Little." *Psyche*, October 20, 2021. https://psyche.co/ideas/thoreaus-economics-the-truly-precious-costs-precious-little.

———. "What Thoreau Can Teach Us about the Great Resignation." *Fast Company*, November 11, 2021. https://www.fastcompany.com/90695132/what-thoreau-can-teach-us-about-the-great-resignation.

Lawrence, Jerome, and Robert E. Lee. *The Night Thoreau Spent in Jail*. New York: Hill and Wang, 2001.

Lemire, Elise Virginia. *Black Walden: Slavery and Its Aftermath in Concord, Massachusetts*. Philadelphia: University of Pennsylvania Press, 2009.

McKenzie, Jonathan. *The Political Thought of Henry David Thoreau: Privatism and the Practice of Philosophy*. Lexington: University Press of Kentucky, 2016.

Meyer, Michael. Introduction to *"Walden" and "Civil Disobedience,"* by Henry David Thoreau, 7–36. New York: Penguin Books, 1986.

Neufeldt, Leonard. *The Economist: Henry Thoreau and Enterprise*. Oxford: Oxford University Press, 1989.

Pinksy, Robert. "Comedy, Cruelty, and Tourism: Thoreau's Cape Cod." *American Scholar* 73, no. 3 (2004): 79–88.

Richardson, Robert D. *Henry Thoreau: A Life of the Mind*. Berkeley: University of California Press, 1986.

Sullivan, Robert. *The Thoreau You Don't Know*. New York: HarperCollins, 2009.

Thorson, Robert M. *The Boatman: Henry David Thoreau's River Years*. Cambridge, MA: Harvard University Press, 2017.

The Walden Woods Project. "The Thoreau Log. 1844." Accessed February 19, 2022. https://www.walden.org/log-page/1844/.

Walls, Laura Dassow. *Henry David Thoreau: A Life*. Chicago: The University of Chicago Press, 2017.

Willis, Frederick Llewellyn Hovey. *Alcott Memoirs: Posthumously Compiled from Papers, Journals and Memoranda of the Late Dr. Frederick L. H. Willis*. Boston: Richard G. Badger, 1915.

Secondary Lit er a ture: Miscellaneous

Albee, John. *Remembrances of Emerson*. New York: Robert Grier Cooke, 1901.

Alexander, Scott. "Are the Amish Unhappy?" *Slate Star Codex*, April 2, 2018. https://slatestarcodex.com/2018/04/02/are-the-amish-unhappy-super-happy-just-meh/.

Aristotle. *Aristotle's "Politics."* 2nd ed. Translated by Carnes Lord. Chicago: The University of Chicago Press, 2013.

Axon, Samuel. "Big Tech Companies Are at War with Employees over Remote Work." *Ars Technica*, August 1, 2021. https://arstechnica.com/gadgets/2021/08/vaccines-reopenings-and-worker-revolts-big-techs-contentious-return-to-the-office/.

Barzun, Jacques. *From Dawn to Decadence: 1500 to the Present*. New York: HarperCollins Publishers, 2000.

Berlin, Isaiah. "Two Concepts of Liberty." In *Four Essays on Liberty*, 118–172. New York: Oxford University Press, 1970.

Berry, Wendell. "Wendell Berry on Work." *Progressive* 74, no. 11 (2010): 6–8.

Bostrom, Nick. *Superintelligence: Paths, Dangers, Strategies*. Oxford: Oxford University Press, 2014.

Camus, Albert. *"The Myth of Sisyphus" and Other Essays*. Translated by Justin O'Brien. New York: Vintage International, 1991.

Child, Lydia Maria. *The American Frugal House wife*. Garden City, NY: Dover, 1999.

Delbanco, Andrew, ed. *Writing New England: An Anthology from the Puritans to the Present*. Cambridge, MA: The Belknap Press of Harvard University, 2001.

Emerson, Ralph Waldo. *The Conduct of Life*. Boston: Houghton, Mifflin, 1892.

———. *The Journals and Miscellaneous Notebooks of Ralph Waldo Emerson*. Edited by William H. Gilman and J. E. Pearsons. 16 vols. Cambridge, MA: The Belknap Press of Harvard University, 1960–1982.

———. *The Letters of Ralph Waldo Emerson*. Edited by Ralph L. Rusk. 6 vols. New York: Columbia University Press, 1939.

———. *The Selected Letters of Ralph Waldo Emerson*. Edited by Joel Myerson. New York: Columbia University Press, 1997.

———. *Self-Reliance and Other Essays*. Edited by Stanley Applebaum. Mineola, NY: Dover, 1993.

———. "Thoreau." *Atlantic*, August 1862. https://www.theatlantic.com/magazine/archive/1862/08/thoreau/306418/.

Fantham, Elaine. Introduction to *Georgics*, by Virgil, xi–xxxiii. Translated by Peter Fallon. Oxford: Oxford University Press, 2006.

French, Mary Adams. *Memories of a Sculptor's Wife*. Boston: Houghton Mifflin, 1928.

Gandhi. *The Collected Works of Mahatma Gandhi*. Vol. 12. The Publications

Division, Ministry of Information and Broadcasting, Government of India, 1964.

Gettinger, Dan. "Study: Drones in the FY 2019 Defense Bud get." *The Center for the Study of the Drone* (blog). April 9, 2018. https://dronecenter.bard.edu/drones-in-the-fy19-defense-budget/.

Gleick, James. *Chaos: Making a New Science*. New York: Penguin Books, 1987.

Hari, Johann. *Lost Connections: Uncovering the Real Causes of Depression—and the Unexpected Solutions*. New York: Bloomsbury, 2018.

Hawking, Stephen. *A Brief History of Time: From the Big Bang to Black Holes*. New York: Bantam Books, 1988.

Hawthorne, Nathaniel. *The Centenary Edition of the Works of Nathaniel Hawthorne*. Edited by Thomas Woodson, James A. Rubino, L. Neal Smith, and Norman Holmes Pearson. 23 vols. Columbus: The Ohio State University Press, 1962–1997.

James, William. *Pragmatism: A New Name for Some Old Ways of Thinking*. Indianapolis: Hackett, 1981.

———. *The Will to Believe and Other Essays in Popular Philosophy*. New York: Longmans, Green, 1912.

Lao Tzu. *Tao Te Ching*. Translated by Stephen Mitchell. New York: HarperCollins, 2006.

Lincoln, Abraham. *Lincoln on the Civil War: Selected Speeches*. New York: Penguin Books, 2011.

Matsumoto, Shoukei. "Soji (掃除): A Meditation on Zen Cleaning." *Ignota* (blog). March 20, 2020. https://ignota.org/blogs/news/soji.

McDermott, Rachel Fell, Leonard A. Gordon, Ainslie T. Embree, Frances W. Pritchett, and Dennis Dalton, eds. *Sources of Indian Tradition*. 3rd ed.

Vol. 2, *Modern India, Pakistan, and Bangladesh*. New York: Columbia University Press, 2014.

McInerney, Jay. "Still Asking the Embarrassing Questions." *New York Times*, September 9, 1990. https://www.nytimes.com/1990/09/09/books/still-asking-the-embarassing-questions.html.

McIntyre, Iain, ed. *On the Fly! Hobo Literature and Songs, 1879–1941*. Oakland, CA: PM Press, 2018.

Melville, Herman. "Bartleby, the Scrivener: A Story of Wall- Street." Proj ect Gutenberg. https://www.gutenberg.org/ebooks/11231.

Nietzsche, Friedrich. *Diefröhliche Wissenschaft*. In *Kritische Studienausgabe*, ed. Giorgio Colli and Mazzino Montinari, 3:343–651. Berlin: de Gruyter, 2020.

Noble, David F. *The Religion of Technology: The Divinity of Man and the Spirit of Invention*. London: Penguin Books, 1999.

Pleij, Herman. *Dreaming of Cockaigne: Medieval Fantasies of the Perfect Life*. Translated by Diane Webb. New York: Columbia University Press, 2003.

Porphyry. *Porphyry the Philosopher to His Wife Marcella*. Translated and with introduction by Alice Zimmern. London: George Redway, 1896.

Sartre, Jean-Paul. *Being and Nothingness: An Essay on Phenomenological Ontology*. Translated by Hazel E. Barnes. New York: Philosophical Library, 1956.

Schopenhauer, Arthur. *Parerga and Paralipomena: Short Philosophical Essays*. 2 vols. Translated by E.F.J. Payne. Oxford: Oxford University Press, 2000.

Smith, Adam. *The Wealth of Nations, Books I–III*. Penguin Classics. London: Penguin Books, 1986.

Stoll, Steven. *The Great Delusion: A Mad Inventor, Death in the Tropics, and the Utopian Origins of Economic Growth*. New York: Hill and Wang, 2008.

Sucher, Sandra J., and Shalene Gupta. "Worried about the Great Resignation? Be a Good Company to Come from." *Harvard Business School Working Knowledge* (Harvard Business School), August 4, 2021. https://hbswk.hbs.edu/item/worried-about-the-great-resignation-be-a-good-company-to-come-from.

Sweet, Paul Robinson. *Wilhelm von Humboldt: A Biography*. 2 vols. Columbus: The Ohio State University Press, 1978.

Turkle, Sherry. *Alone Together: Why We Expect More from Technology and Less from Each Other*. New York: Basic Books, 2011.

US Department of Labor, Office of Child L abor, Forced Labor, and Human Trafficking, Bureau of International L abor Affairs (ILAB). *2020 List of Goods Produced by Child Labor or Forced Labor*. 2021. https://www.dol.gov/agencies/ilab/reports/child-labor/list-of-goods.

Whitman, Walt. *Democratic Vistas*. New York: J. S. Redfield, 1871.

Virgil. *Georgics*. Translated by Janet Lembke. Yale New Classics. New Haven, CT: Yale University Press, 2005.

———. *Georgics*. Translated by Peter Fallon. Oxford World Classics. Oxford: Oxford University Press, 2006.

———. *Virgil in Two Volumes*. Vol. 1, *Eclogues, Georgics, Aeneid I–VI*. Translated by Henry Rushton Fairclough. Loeb Classical Library. Cambridge, MA: Harvard University Press, 1986.

Works on Work

Applebaum, Herbert. *The Concept of Work: Ancient, Medieval, and Modern*. Albany: State University of New York Press, 1992.

Barbash, Jack. "Which Work Ethic?" In *The Work Ethic—A Critical Analysis*, edited by Jack Barbash, Robert J. Lampman, Sar A. Levitan, and Gus Tyler, 231–261. Bloomington, IL: Industrial Relations Research Association, 1983.

Budd, John W. *The Thought of Work*. Ithaca, NY: ILR Press, 2011.

Crawford, Matthew. *Shop Class as Soulcraft: An Inquiry into the Value of Work*. New York: Penguin Press, 2009.

Danaher, John. "Will Life Be Worth Living in a World without Work? Technological Unemployment and the Meaning of Life." *Science and Engineering Ethics* 23, no. 1 (2017): 41–64.

Graeber, David. *Bullshit Jobs*. New York: Simon & Schuster, 2019.

Geuss, Raymond. *A Philosopher Looks at Work*. Cambridge: Cambridge University Press, 2021.

Noonan, Jeff. "Luddites, Labor, and Meaningful Lives: Would a World without Work Really Be Best?" *Journal of Social Philosophy* 51, no. 3 (2020): 441–456.

Terkel, Studs. *Working: People Talk about What They Do All Day and How They Feel about What They Do*. New York: Pantheon Books, 1974.

Weeks, Kathi. *The Problem with Work*. Durham, NC: Duke University Press, 2011.

Zuboff, Shoshana. "The Work Ethic and Work Organization." In *The Work Ethic: A Critical Analysis*, edited by Jack Barbash, Robert J. Lampman, Sar A. Levitan, and Gus Tyler, 153–181. Bloomington, IL: Industrial Relations Research Association, 1983.

ithink
RI7012

在工作裡，我們活得有意義

●原著書名：HENRY AT WORK: Thoreau on Making a Living ● 作者：約翰・卡格（John Kaag）、強納森・范・貝爾（Jonathan van Belle）● 翻譯：李伊婷 ● 排版：張彩梅 ● 美術設計：王瓊瑤 ● 責任編輯：徐凡 ● 國際版權：吳玲緯、楊靜 ● 行銷：闕志勳、吳宇軒、余一霞 ● 業務：李再星、李振東、陳美燕 ● 總編輯：巫維珍 ● 編輯總監：劉麗真 ● 事業群總經理：謝至平 ● 發行人：何飛鵬 ● 出版社：麥田出版／城邦文化事業股份有限公司／台北市南港區昆陽街16號4樓／電話：(02) 25007696／傳真：(02) 25001966、發行：英屬蓋曼群島商家庭傳媒股份有限公司城邦分公司／台北市南港區昆陽街16號8樓／書虫客戶服務專線：(02) 25007718；25007719／24小時傳真服務：(02) 25001990；25001991／讀者服務信箱：service@readingclub.com.tw／劃撥帳號：19863813／戶名：書虫股份有限公司 ● 香港發行所：城邦（香港）出版集團有限公司／香港九龍土瓜灣土瓜灣道86號順聯工業大廈6樓A室／電話：(852) 25086231／傳真：(852) 25789337 ● 馬新發行所／城邦（馬新）出版集團【Cite(M) Sdn. Bhd.】／41, Jalan Radin Anum, Bandar Baru Sri Petaling, 57000 Kuala Lumpur, Malaysia.／電話：+603-9056-3833／傳真：+603-9057-6622／讀者服務信箱：services@cite.my ● 印刷：漾格科技股份有限公司 ● 2025年2月初版一刷 ● 定價450元

國家圖書館出版品預行編目資料

在工作裡，我們活得有意義／約翰・卡格（John Kaag）、強納森・范・貝爾（Jonathan van Belle）著；李伊婷譯. -- 初版. -- 臺北市：麥田出版：家庭傳媒城邦分公司發行, 2025.02
面；　公分. --（ithink書系；RI7012）
譯自：HENRY AT WORK: Thoreau on Making a Living
ISBN 978-626-310-793-9（平裝）
EISBN 978-626-310-7922（Epub）

1. CST: 梭羅（Thoreau, Henry David, 1817-1862）
2. CST: 學術思想　3. CST: 傳記　4. CST: 美國

785.28　　113016569

城邦讀書花園
www.cite.com.tw